A TESSITURA DISSIMULADA

Neiva Pitta Kadota

A TESSITURA DISSIMULADA

O Social em Clarice Lispector

2ª edição

Estação Liberdade

© *Copyright* Neiva Pitta Kadota, 1997.

revisão de texto Fred Navarro
composição Estação Liberdade
capa Antonio Carlos Kehl
ilustração da capa Tomie Ohtake,
óleo sobre tela, s/título, 1964
fotografada por João Paulo Capobianco

Dados Internacionais de Catalogação na Publicação (CIP)
(Câmara Brasileira do Livro, SP, Brasil)

Kadota, Neiva Pitta
    A Tessitura Dissumulada : O Social em Clarice Lispector/
Neiva Pitta Kadota, – São Paulo : Estação Liberdade, 1997

    Bibliografia.

    1. Lispector, Clarice, 1925-1977 - Crítica e interpretação I.
Título

97-1730   CDD-869.9309

Índices para catálogo sistemático
1. Ficção narrativa : Literatura Brasileira : História e crítica 869.9309

ISBN 85-85865-80-6

2ª edição: fevereiro de 1999

Todos os direitos desta edição reservados à
Editora Estação Liberdade Ltda.
R. Dona Elisa, 116
01155-030 São Paulo SP
Tels.: (011) 3661 2881 / 3661 2882
Telefax: 3824 0020 Fax: (011) 825 4239
e-mail: estliber@hydra.com.br

SUMÁRIO

APRESENTAÇÃO	9
SIGLAS	11
I - INTRODUÇÃO	17
II - MODERNIDADE: ESPAÇO DE FRUIÇÃO x REFLEXÃO	23
1. Uma Questão de Leitura	25
2. Na Esteira da Modernidade	29
3. O Hábito Internalizado	33
4. O Apontar Através do Silêncio	39
III - CRIAÇÃO SÍGNICA: A PERSONAGEM	47
1. A Mímesis e a Personagem	49
2. A Personagem como Processo de Construção e Desconstrução da Linguagem	55

IV - O NARRAR COMO PROCEDIMENTO	
DE RESGATE	67
1. A Técnica da Escritura	69
2. Ângulo de Visão	71
3. Um Olhar Percuciente	77
4. O Desvelar do Erotismo	87
5. Circularidade e Opressão	93
V - TECENDO A PARÓDIA	99
1. Alguns Conceitos	101
2. O Traço Paródico na Escritura	
de Clarice Lispector	111
3. A Teia/Os Gritos de Galo	121
VI - A TÍTULO DE CONCLUSÃO	135
BIBLIOGRAFIA	141

APRESENTAÇÃO

A Tessitura Dissimulada é o saldo de uma pesquisa sobre a obra de Clarice Lispector, que tem por objetivo ressaltar aspectos que apontam inquietações sociais em sua escritura, quase sempre colocados à margem, esquecidos ou mal interpretados. Apoiando-nos em teóricos que problematizaram as questões relativas à obra de modernidade, em que se insere a escritura clariceana, buscamos uma leitura outra de seus textos, observando o estruturar-se insólito de sua enunciação, privilegiando uma seleção vocabular calcada em oxímoros e paradoxos, e uma sintaxe fragmentada que em muitos instantes se volta para o ritmo e a sonoridade, na tentativa de resgatar, através de elementos indiciais (quase-icônicos), a carga semântica que socialmente pode ser lida como um processo de ruptura com os padrões convencionais. Enveredando pelos caminhos da representação ficcional, buscamos revelar, na análise de suas personagens desfuncionalizadas, o desejo de negação da autora quanto ao processo mimético de espelhamento da realidade e procuramos resgatar, através da investigação interior, do fluxo de consciência e da circularidade que configura sua ficção narrativa, os elementos de pulsão que o sistema aprisionou.

Como resgate dos pontos de transgressão e rebeldia, detectamos ainda os momentos paródicos que permeiam sua narrativa.

Assim, reunidos todos esses elementos e analisados à luz de conceitos atuais de um texto de modernidade, tentamos redesenhar o perfil da obra de Clarice, acentuando nele um olhar que buscou também a leitura dos signos que estruturam o contexto social.

N. P. K.

SIGLAS

Relação das siglas usadas neste trabalho, correspondentes às obras de Clarice Lispector:

AV	Água Viva
CS	A Cidade Sitiada
DM	A Descoberta do Mundo
FC	Felicidade Clandestina
HE	A Hora da Estrela
LF	Laços de Família
LE	A Legião Estrangeira
LT	O Lustre
ME	A Maçã no Escuro
OEN	Onde Estivestes de Noite
PSGH	A Paixão Segundo GH
PCS	Perto do Coração Selvagem
USV	Um Sopro de Vida
LP	Uma Aprendizagem ou O Livro dos Prazeres
VCC	A Via Crucis do Corpo

"A escritura humana reflete a do universo, é sua tradução, e também sua metáfora: diz uma coisa totalmente diferente e diz a mesma coisa."

Octavio Paz

Para
CLODO (in memoriam)
quem primeiro me indicou
os caminhos da literatura.

I - INTRODUÇÃO

A leitura dos textos de Clarice Lispector obriga a uma reflexão sobre a linguagem literária e seus mecanismos de representação da realidade.

A inovação, operada por Clarice, ao organizar a estrutura narrativa, uma narrativa descontínua, fragmentada, que não caminha porque não interessada no factual, provocou em alguns críticos de suas primeiras obras uma reação pouco positiva. Escritora subjetiva, afirmaram alguns; escritora intimista, classificaram outros, por talvez não terem captado a polissemia existente em seu discurso poético. Crítica que indica uma leitura dissonante com a escrita de quem afirma "estou tentando escrever-te com o corpo todo" (AV, p.11) – o corpo da palavra, o signo, o corpo feito linguagem – ou que escreve para "Aquelas (pessoas) que sabem que a aproximação do que quer que seja, se faz gradualmente e penosamente – atravessando inclusive o oposto daquilo que se vai aproximar" (PSGH, p.5). O que parece responder às críticas à sua obra e chama a atenção para a participação do leitor (que Clarice deseja especial, atento), fazendo-o refletir sobre o tecido complexo, a densa corporeidade de que é feito o seu discurso, consciente de que o ato de criação se completa na leitura e que toda obra, nesse sentido, é plural, pois se renova a cada leitura, constituindo o ato de criar um jogo dual que implica escritor/leitor.

Subjetivismo, intimismo, alienação quanto à problemática social (por se distanciar de uma representação mimética da realidade?), seriam mesmo elementos pertinentes à escritura de Clarice Lispector? Seria procedente esta classificação? A dúvida instaurada incentivou a pesquisa. A imersão em seus textos, que a investigação exige, sobrepôs ao prazer da descoberta a angústia da incerteza. Estaria ou não no caminho certo? Pareceu-nos estar percorrendo, aos sobressaltos, um caminho na contramão: porque vislumbrar inquietações sociais em uma escritura cuja essência é a linguagem, e em uma escritora que trabalha com e pela palavra, é um projeto arriscado. Mas é nessa busca recorrente de Clarice pela palavra precisa – da qual ela mesma afirma voltar sempre de "mãos vazias" por querer atingir o imponderável – que nos parecia inscreverem-se também outras inquietações: a de uma escritura desautomatizante, por exemplo, que se empenha em possibilitar ao leitor ver/sentir as relações de força que, mesmo atuando disfarçadamente no espaço do microcosmo, oprimem e anulam o seu viver.

É o que aqui se pretende mostrar de Clarice Lispector: uma postura consciente, de reflexão contínua, embora muitas vezes dissimulada em sua representação sígnica, alicerçada na linguagem poética e/ou paradoxal, no fluxo de consciência, que confunde/constrange o leitor pouco habituado a uma narrativa fragmentada que o atropela continuamente, acostumado que está ao relato linear e factual. Por isso, o alerta de Clarice: "Não é confortável o que te escrevo. Não faço confidências." (AV, p. 17) ou: "O que estou te escrevendo não é para se ler – é para se ser." (AV, p. 42).

Esse mecanismo contínuo de ruptura com a linguagem do poder, responsável talvez pela classificação de intimismo, subjetivismo, alienação, por alguns críticos, é que nos faz indagar se essa não é exatamente uma postura estética que aponta também para as questões sociais.

Por isso, esta nossa leitura/tradução da obra clariceana procura libertar e trazer à superfície do texto coágulos submersos de inquietações sociais que vislumbramos percorrer intercelularmente o seu fazer ficcional, mas que apenas em momentos distanciados apontamos, deixando, assim, ao leitor, um espaço livre mais amplo para o cavar e o descobrir.

II - MODERNIDADE: ESPAÇO DE FRUIÇÃO x REFLEXÃO

1. Uma Questão de Leitura

Há uma citação de Goethe, inaugurando o capítulo "Por que reescrevemos continuamente a história?", na obra de Adam Schaff *História e Verdade,* que nos alerta para o fato de que:

Nos nossos dias, já ninguém duvida de que a história do mundo deve ser reescrita de tempos a tempos. Esta necessidade não decorre, contudo, da descoberta de numerosos fatos até então desconhecidos, mas do nascimento de opiniões novas, do fato de que o companheiro do tempo que corre para a foz chega a pontos de vista de onde pode deitar um olhar novo sobre o passado...[1]

É o distanciamento necessário para uma avaliação mais abrangente, talvez, e a certeza também de que todo olhar é sempre uma leitura, não importa se é a história – que abriga os fatos por excelência – o objeto de nosso olhar. A história, segundo Adam, é um "processo", do que se deduz um contínuo refazer-se, e, segundo Walter Benjamim, uma "possibilidade", isto é, o que poderia ter sido e não uma verdade absoluta, conceitos esses que destroem a "aura" na qual se enovela a história. Se transpusermos,

---

(1) SCHAFF, Adam. *História e Verdade,* p. 219.

porém, esses conceitos para um plano mais complexo, e menos factual, como é o caso do espaço literário, sentiremos então que essa "possibilidade" poderá se estender a uma dimensão ainda maior, tornando-se até, por justiça mesmo, uma necessidade ter esses conceitos em mente ao se fazer uma leitura do texto literário. Aqui, nada é definitivo, pois estamos trabalhando no solo fértil do possível.

O texto literário, espaço onde se atualiza a função poética de que fala Jakobson[2] ao se despir das marcas de referencialidade, penetra em território simbólico, inaugurando aí a sua realidade. Este real, por sua vez, não se dissocia totalmente da realidade convencionada, preestabelecida e aceita por toda uma sociedade, mantendo com ela alguns pontos tangenciais cujos índices nos possibilitam transpor os limites que seccionam esses dois universos – o literário e o não-literário – para chegar ao seu resgate.

Diante do objeto estético que é a obra literária, é preciso aterse também à sua engenharia textual, já que as unidades de expressão, no caso as palavras que constituem o conteúdo, embora sendo as mesmas, aquelas dicionarizadas e de uso corrente, segundo a sua construção, a sua sintaxe, apontam para um novo sentido, na busca contínua de uma realidade singular. É, portanto, uma maneira muito especial e particular de ver e revelar o mundo. E parece ser este novo olhar e esta nova imagem criada que fazem da linguagem poética, que habita tanto o campo da poesia quanto o da prosa, um objeto estético diferenciado da comunicação objetiva e direta de uma mensagem puramente informacional.

---

(2) Jakobson, ao fazer um estudo sobre a linguagem e a comunicação, apresenta cinco funções:
 - emotiva (voltada para o emissor)
 - referencial (apontando para o referente)
 - fática (para o canal)
 - metalingüística (para o código)
 - poética (voltada para a própria mensagem, para o seu próprio fazer).

O apreender desse microcosmo particular exige do leitor uma investigação minuciosa e até transgressiva, isto é, uma observação acurada de todos os elementos constitutivos do objeto de estudo e as suas interrelações num processo unificador que nega o convencional e a divisão hierarquizada (a qual privilegia o conteúdo, em detrimento da forma), na tentativa de resgate do sentido engendrado por esse novo fazer.

Assim, uma expectativa voltada para o "horizonte do provável" – lembrando Haroldo de Campos – se faz necessária ao leitor/receptor diante de uma teia verbal tecida com os mesmos fios de ontem, dispostos, porém, em uma geometria outra, cujo entrelaçamento resulta em *design* da atualidade.

2. Na Esteira da Modernidade

Deixando para trás os movimentos literários que antecederam o século XX, vamos nos ater às inovações no campo das artes desencadeadas por um grupo de jovens, cujo nome atravesso as fronteiras e se fez marco, principalmente na literatura: os formalistas russos.

Falar em modernidade é ter presentes os conceitos formalistas mais os de seus sucessores, é fazer uma leitura da obra de arte, uma leitura do poético, acompanhando seus ritmos, sua ruptura com o convencional e fixando sobre ela um olhar mais abrangente, capaz de tornar nítida à retina a fusão de forma e conteúdo como procedimento indivisível do fazer estético.

Esse novo olhar sobre a arte, que não se limitou apenas à literatura, mas envolveu outras linguagens, como o cinema e o teatro, entre outras, tem suas origens entre 1910 e 1920, com o nascimento da OPOIAZ – Sociedade para o Estudo da Linguagem Poética – e a Criação do Círculo Lingüístico de Moscou, tendo como fundador e ativo participante Roman Jakobson que, a essa época, mantinha estreita amizade com Maiakóvski e Khliebnikov, de quem sofreu marcante e positiva influência ao desenvolver seus estudos lingüísticos.

Desse círculo emergiram os formalistas russos, os primeiros estudiosos da literatura moderna e os primeiros formuladores de teses metodológicas, apoiados em procedimentos permeados pelo rigor científico e que se voltaram num primeiro momento para a relação entre som e sentido na poesia. A denominação "formalistas" surgiu da preocupação demonstrada pelo grupo em relação à arquitetura formal da obra literária num espaço/tempo em que predominava, segundo Izidoro Blikstein, um "rígido sociologismo no campo dos estudos literários".[3]

Contudo, a denominação, jocosa, por sinal, mostrava-se deslocada já que a linha de estudo dos formalistas, em relação ao poema, embora atenta aos elementos sonoros da estrutura poética, rejeitava a cisão forma e conteúdo, o hiato que os polarizava, visualizando uma hierarquia indissociável de funções, na qual o som se colava ao sentido para produzir uma mensagem. Trabalhando, portanto, no nível do poético, Jakobson e os demais formalistas uniram-se, em 1925, na Tchecoslováquia (hoje dividida), no novo Círculo instituído (tendo como um de seus fundadores o filósofo e esteta tcheco Jan Mukarovski), o Círculo Lingüístico de Praga que, através de investigações cada vez mais profundas da linguagem, apontaram as novas vertentes da literatura e a leitura de sua plurissignificação através de uma análise dos fragmentos constitutivos da obra e não apenas de sua temática, do factual que resgataria, segundo a visão vigente e imposta, a realidade do vivido.

A esse grupo de poetas e pesquisadores da linguagem, podemos somar, entre outros, Chklóvski e Tynianov, responsáveis, por exemplo, um pela teoria do "estranhamento'; outro, pela explosão intelectual do formalismo russo voltado para a "construção" na obra literária.

Em 1924, na revista LEF, são publicados representativos trabalhos do grupo, que instauram um novo modo de ver a estruturação textual. Agora, o significado da obra se concretizaria na

---

(3) BLIKSTEIN, Izidoro. In: "Prefácio" de *Lingüística e Comunicação*, de Roman Jakobson, p. 10.

atualização da forma, ou seja, do amálgama forma e conteúdo resultaria o significado do trabalho artístico.

Pode-se depreender daí que, dependendo do fim a que se destina, o estruturar-se da obra tenderá para esta ou aquela organização. A sua diagramação, o seu "design" espelham uma intencionalidade. Aqui, torna-se importante resgatar as palavras de Kothe: "Texto é contexto estruturado verbalmente. O para quê da obra determina o seu como, o seu modo de ser. Toda obra de arte tem uma intencionalidade social que determina o seu modo de comunicação."[4] Essa afirmação coloca-se frontalmente contra a idéia, já superada hoje, da "arte pela arte" que tornara menor todo objeto estético portador de um distanciamento da referencialidade.

Assim, é fácil perceber que a modernidade configura-se em um projeto artístico que convida simultaneamente à fruição e à reflexão porque o conjunto de fragmentos que constituem o seu universo é um conjunto de signos ou um sistema de signos que se completa em sua leitura; necessário se faz, então, um "leitor de possíveis", segundo Lucrécia D'Aléssio Ferrara, e o leitor/receptor deve ser "o motor que impulsiona a fragmentação sígnica na medida em que é capaz de, numa operação de descoberta, operar o avesso do signo, a contraface do signo que o faz ser um e todos ao mesmo tempo".[5]

Torna-se a obra de modernidade um processo no qual produção e recepção correspondem a ações interativas de um sistema dialógico de comunicação, em que o trabalho de construção do texto pelo autor é resgatado pelo leitor numa etapa segunda de desconstrução. Montagem e desmontagem são verso e reverso do trabalho de criação e recepção do texto moderno. Atividade de engenharia lúdica, transgressiva, que se ergue em solo acidentado.

---

(4) KOTHE, Flávio R. In: "Prefácio" de *A Textura Obra/Realidade,* de Amálio Pinheiro, p. 16.

(5) FERRARA, Lucrécia D'Aléssio. *A Estratégia dos Signos,* p. XII.

O mundo da literatura perdeu sua linearidade, deixou de ser ordenado, temporal e previsível para ceder lugar a uma desordem espaço-temporal, a um universo fragmentado e aparentemente caótico. Nesse fraturar-se, o hermético se rompe e é exposta a fenda, a brecha que possibilita o questionamento. A obra de arte já se opõe à representação de um mundo ilusório, enganoso, e rejeita o receptor contemplativo, pois "inexiste obra de arte moderna de algum valor, que não se deleite com dissonâncias e desarticulações".[6]

Cabe ao receptor rearticular esses fragmentos e perceber as suas significações específicas, obrigando-se para isso a embrenhar-se nos labirintos da linguagem, no emaranhado de signos, afastando de si os "jargões de véspera", numa expressão cortazariana, os ritmos petrificados pela contínua recorrência, redescobrindo a relação sujeito/objeto que subjaz adormecida pelo ideológico historicamente estabelecido.

A literatura da modernidade não se ocupa mais em refletir o mundo, mas em recriá-lo, reinventá-lo, libertando-o das algemas do convencional através de uma reconfiguração dos signos literários, e exige para a sua leitura um receptor com olhos de ver e de espiar, atento aos novos ritmos e às novas sintaxes que delineiam essa escritura inaugural.

---

(6) Citação de Theodor Adorno. In: Erwin Theodor Rosenthal. *O Universo Fragmentário*, p. 38.

3. O Hábito Internalizado

Uma releitura da obra clariceana, vista agora como objeto único e multifacetado, embasada, portanto, nos mais atuais e também já cristalizados conceitos de narrativa moderna, evidencia os possíveis deslizes cometidos por alguns críticos da época quando da publicação de *Perto do Coração Selvagem*, sua obra inaugural, e de outras que a ela se seguiram. Observa-se que o olhar voltado para a obra não rastreou adequadamente a trilha inusitada de Clarice, em um território de pluriinterações e plurissignificações, entretecido com seus próprios fios que simultaneamente se negam e se afirmam em constantes paradoxos para produzir novos sentidos. Essa capacidade de exprimir o inusitado, por não ter sido apreendida em toda a sua complexidade, deu origem, nos parece, a uma análise redutora e superficial. Uma leitura que, evidentemente, anula-se como exame textual de uma obra estética quando, confirmando nossas suposições, depara-se, entre outras, com afirmações de que em sua obra há "um desligamento do contexto social"[7] ou de que na escritura de Clarice há "uma desarticulação com a realidade"[8], como se a obra devesse enclausurar-se dentro de um processo mimético.

Como o desejo do crítico não se concretiza, a autora passa

---

(7) LUCAS, Fábio. *O Caráter Social da Literatura Brasileira*, p.32.
(8) LIMA, Luís Costa. "Clarice Lispector". In: *A Literatura no Brasil*, p. 456.

a adquirir, segundo ele, "incapacidade... em ir além das situações meramente singulares".[9]

Ora, não há em Clarice uma preocupação em envolver o leitor numa trama emocional, atraindo-o mediante um acompanhamento rotineiro fundamentado no "êxtase hipnótico", para usar uma expressão de Lucrécia D'Aléssio Ferrara. Clarice força o leitor a dilatar as pupilas para ver melhor, para identificar com maior nitidez o que se encontra subscrito. "Não é confortável o que te escrevo", alerta ela, procurando oferecer uma visão singular, insólita da realidade, através de processos desautomatizantes de percepção, que causam estranhamento no leitor e o obrigam a afastar as palavras para descobrir o texto, para liberar seu sentido.[10] Contudo, essa práxis literária parece não ter sido captada, à época, por Luís Costa Lima, que vê *O Lustre* como "obra de pouco fôlego, por efeito de uma desarticulação com a totalidade concreta, em que a subjetivação intelectualizante preenche a falta de realidade e termina por esmagar personagens e matéria novelesca".[11]

Não há "esmagamento de personagens" como se poderá constatar no capítulo mais adiante, especialmente reservado a elas, neste trabalho, mas um procedimento estético com o material vocabular, uma tentativa como fenômeno artístico de interferir no espaço do receptor, enquanto elemento descondicionante e de ruptura com as formas vigentes de estrutura textual, com a forma estanque e passiva de retratar o mundo. Clarice não quer "retratar" o mundo, mas sim "revelá-lo": "Eu sou a casca da árvore e

---

(9)   LIMA, Luís Costa. Idem, p. 457.

(10) "A intencionalidade direta, sem reservas, o peso específico da linguagem e, simultaneamente, a sua apresentação objetiva (como realidade lingüística socialmente e historicamente limitada) são incompatíveis com os limites do estilo poético." Mikhail Bakhtin. *Questões de Literatura e de Estética*, p. 94.

(11) LIMA, Luís Costa. Opus cit., p. 461.

não a árvore", afirma sua personagem de *Um Sopro de Vida*. Essa revelação se fará através de uma relação dialógica entre sua obra e o leitor, entre a arte e a sociedade. Para isso, um novo projeto literário de seleção e organização lingüístico-estrutural se faz necessário, consistindo numa primeira etapa em um afastamento da realidade, ou de ilusão de realidade, que se tornou rotina, mesmice e que, por isso mesmo, oblitera a visão, e uma volta a ela despida do ranço dos clichês de sempre, com o sabor do novo e do estranhamento, cujo impacto faz acordar o que em nós estava adormecido, aniquilado pelo ramerrão cotidiano.

Clarice opera uma volta à natureza primeira das palavras, em sua prosa poética, buscando nesse movimento inverso não a fossilização da linguagem, mas a pluralidade de seus significados, já esquecidos. Procura recuperar na mente do leitor uma imagem concreta da realidade sem descrições costumeiras que a obscurecem. Em sua prosa, (se assim se pode chamar) de *Água Viva*, por exemplo, o leitor se surpreende com um texto em que não se visualiza o início nem o término. É um texto que flui em "flashes", em instantes de "epifania", segundo terminologia muito utilizada por Olga de Sá, cuja luz procura atingir o leitor.

É um texto rápido, pictórico-fotográfico, sintético, que se quer icônico, em que o encadeamento se processa por um contínuo questionar. Um questionar fragmentário sobre a linguagem, a conduta humana, a transcendência das coisas, os problemas existenciais éticos e estéticos que nos envolvem na tarefa de viver. Nele são atualizados mecanismos poéticos e metalingüísticos como: "estátuas brancas espraiadas na perspectiva das distâncias longas ao longe" (AV, p. 89), que pela via sonora produzem um efeito figurativo de alongamento e amplidão infinita, de fusão imagem-palavra, assim como: "ouço o ribombo do tempo. É o mundo surdamente se formando" (AV, p. 42), em que o fenômeno imagético se constrói sobre a cadeia fônica assonante: a própria configuração da vogal O – o ovo/globo se formando – e ainda pela explosão acústica e visual das oclusivas bilabiais **b** e **p** como fundo sonoro para "o ribombo do tempo".

É a linguagem operando em seus limites para, através da trama lingüístico-semântica, tentar atingir o signo icônico. E esse procurar exprimir sem mutilar, sem deturpar, traduz-se talvez como "pouco fôlego da escritora" na organização e seqüência da narrativa para o mesmo crítico que não conseguiu, no momento de sua leitura, à época, desvencilhar-se do politicamente instituído para uma estrutura textual e captar o jogo da linguagem na busca de "inexprimir o exprimível". Expressão que aponta para Barthes, como outros já o fizeram, porque a que melhor se adapta à escritura de Clarice.

Em *O Lustre*, o texto pictórico e imagético perpassa também a escritura, o que se pode constatar com: "as ervas longas vibrando nervosas e verdes ao vento" (LT, p. 47), cuja aliteração em **v** resgata acústico-visualmente o trêmulo vibrar do vento; ou quando Virgínia de repente experimenta a sensação de que o passado se distanciava: "Toda a sua infância fora franzida pelo ar frio que doía no nariz com gélido ardor; via a si mesma como de longe, pequena, a forma escura na neblina já dourada de sol, abaixada olhando na terra algo que não podia mais precisar; agora seu próprio hálito parecia rodeá-la de uma atmosfera morna, os olhos abriam-se em cor larga, o corpo se aprumava em criatura humana." (LT, pp. 62-63).

Não são, porém, apenas "falhas" que Luís Costa Lima detecta na obra de Clarice; a qualidade de suas frases é apontada como uma "cilada", em que talvez ele próprio tenha se emaranhado sem se dar conta: "...as frases curtas, compostas de palavras diárias são renovadas ciladas para o leitor menos avisado"[12] e exalta a "grandeza" de Clarice nas narrativas curtas, colocando os contos num patamar mais elevado na hierarquia estabelecida

---

(12) LIMA, Luís Costa. Opus cit., p. 469.

para seus trabalhos porque "A vantagem da narrativa curta para a autora está em que ela evita as tiradas filosofantes, reduz o vício da intelectualização e a subjetivação da realidade."[13] Afirmação que entra em choque com a leitura de Olga de Sá sob dois aspectos: o primeiro é que, para ela, os contos são, na verdade, os espaços onde Clarice mais se distancia da opacidade em sua obra e se permite a maior transparência para atingir um público menos intelectualizado e, segundo, que a "subjetivação da realidade" é uma visão deformada de sua obra, senão vejamos o que afirma: "Clarice não é considerada uma escritora engajada ou comprometida com a realidade social (do que discordo)."[14]

Esse olhar de viés para a escritura de Clarice não se observa apenas em Luís Costa Lima; outro crítico tem também visão similar, diante da discursividade fragmentária e das personagens metonímicas de Clarice. É ele Álvaro Lins que diz de sua obra: "Faltamlhe, como romance, tanto a criação de um ambiente mais definido e estruturado quanto a existência de personagens como seres vivos."[15] A exigência de uma narrativa mimética aqui também se faz notar. Com rigor, é analisada essa postura do crítico, por Olga de Sá em *A Escritura de Clarice Lispector*, que levou, nos parece, ao limite máximo esse seu intento, através de uma pesquisa árdua e minuciosa, dissecando microscopicamente, partícula por partícula, as opiniões de Álvaro Lins e Luís Costa Lima, assim como de outros críticos, cujo levantamentose fez sob o título de "Fortuna Crítica", abrangendo um período que vai dos anos 40 aos 70, colocando lado a lado tanto as assertivas negativas acima quanto as positivas de Antonio Candido, Benedito Nunes, Roberto Schwarz, Assis Brasil, Affonso Romano de Sant'Anna, entre outros.

---

(13) LIMA, Luís Costa. Idem, p. 469.
(14) SÁ, Olga de. *Clarice Lispector: A Travessia do Oposto*, p. 2.
(15) Citação de Álvaro Lins. In: Olga de Sá. *A Escritura de Clarice Lispector,* p. 30.

Olga de Sá, que de longa data examina em filigrana a obra de Clarice, a ela dedica duas pesquisas profundas; a primeira mencionada acima e outra de data posterior, *Clarice Lispector: A Travessia do Oposto*, que dá continuidade à exploração de um projeto cujo objetivo é revelar ao leitor as descobertas por ela efetuadas no campo da transgressão em que ocorre o percurso textual de Clarice. *A Travessia do Oposto* procura detectar os elementos paródicos que permeiam a escritura clariceana e que se traduzem numa fonte de dados para o presente trabalho, alimentando-o na busca de um apoio para uma pesquisa que visualiza inquietações sociais dissimuladas em sua estrutura, mas que se mostram, a nosso ver, com nitidez até, bastando que para isso sua obra seja observada sob uma ótica outra, a ótica que faz a leitura pura e simples dos signos aí contidos, no próprio tecido de seu contar.

4. O Apontar Através do Silêncio

A escritura de Clarice Lispector trabalha também com o intervalo, representado pelo silêncio, mediador entre a busca existencial e a tentativa de compreensão dos elementos sociais que determinam os comportamentos humanos, como se poderá observar no desenvolvimento desta obra.

É a perplexidade contextualizada pelos "flashes" lingüísticos, "Era uma vez um pássaro, meu Deus !"[16], desviando-se de qualquer tentação descritiva. É a opção do caminho em linha reta, que em alguns momentos ela opera tentando alcançar a essência, o "é da coisa". Uma busca também metafísica de compreensão do mundo, da existência, assim como dos problemas que a cercam, que, para o leitor menos atento, configura-se como uma busca sinuosa na qual costumeiramente ele se perde em seus imaginários contornos.

---

(16) No livro de crônicas *A Descoberta do Mundo*, Clarice narra o insucesso das histórias infantis que enviava ao jornal de Recife e que nunca foram publicadas, e explica:"Nenhuma contava propriamente uma história com os fatos necessários a uma história. Eu lia as que eles publicavam, e todas relatavam um acontecimento. Mas se eles eram teimosos, eu também." Decide-se por reiniciar a tarefa, mas na primeira frase se dá conta de que continuava "à gauche", pois escrevera: "Era uma vez um pássaro, meu Deus!", p. 641.

E Clarice é explícita quando alerta o leitor: "Ouve-me, ouve meu silêncio. O que falo nunca é o que falo e sim outra coisa... Lê a energia que está no meu silêncio." (AV, p.33), como se nos quisesse fazer refletir não apenas pelos mecanismos cerebrais, mas através também dos sentidos, o que nos faz voltar o pensamento para a teoria de Peirce para quem o conhecimento não se dá apenas pela via da razão, mas pela sensitivo/sensorial, por relações analógicas, por semelhanças e dessemelhanças, cabendo ao leitor a operação dessa complexidade sígnica até atingir o imponderável, a primeiridade, o ícone.[17]

Utilizando-se dessa percepção táctil/gustativa, em *A Maçã no Escuro,* Olga de Sá comenta: "Floresta de signos, livro de ruminação, de digestão difícil, exige certa categoria de leitor: aquele disposto a ruminar também, capaz de vislumbrar, de ler 'sussurros', leitor que não se interesse somente por fatos e ações" e continua sua análise fazendo uso de expressões de empréstimo: "*A Maçã no Escuro* aspira a um leitor de 'fruição'. Que leia tudo, sem pressa, 'pois o que chega à linguagem não chega ao discurso'(...)'o interstício da fruição produz-se no volume das linguagens, na enunciação, não na seqüência dos enunciados'..."[18]

Martim, o personagem de *A Maçã no Escuro,* é um fugitivo virtual, não no plano do enunciado em que no desfecho da trama se deixa apanhar, mas no espaço da enunciação porque atravessa de modo lento e volátil sem que o leitor consiga facilmente alcançá-lo, enovelado em sua mudez. Martin se nega a palavra, portanto se nega o mundo dos homens comuns. É uma personagem sem voz que se limita a observar, a "descortinar". É a sua ruptura com o "status quo". É a marca da sua contestação. Fundem-se, então,

---

(17) Essa é a busca de Clarice, ainda que, muitas vezes, volte "de mãos vazias" porque esse instante volátil do ícone, presente no poema, é quase que inatingível na prosa.

(18) SÁ, Olga de. *Clarice Lispector: A Travessia do Oposto*, p. 33.

personagem e narrativa numa só postura: de rebeldia contra o instituído para ceder lugar ao inusitado.

Por isso a necessidade de um leitor capaz de ler "susurros", de perceber as analogias constantes em sua tessitura textual para apreender assim o seu "comprometimento" sutil com a realidade. O texto é, portanto, um complexo de signos, muito bem estruturado à espera de um leitor de ícones e índices, um "leitor de possíveis".

Para Umberto Eco, referindo-se à forma, afirma ser ela constituída de modo a se revelar ambígua e visível, sob diversos ângulos e de diversos modos. É um trabalho de engenharia textual. Nesse sentido, o texto clariceano – como se poderá observar nos capítulos que se seguem – apresenta-se como uma arquitetura escritural cujo projeto diagramático (em alguns momentos), sintático e rítmico sintetiza, num plano estético, a sua percepção do mundo sensível, através do trajeto de seu olhar, orientado por pulsões internas, resultantes de valores introjetados por meio de vivências, observações de mundo e desejos contidos.

Toda busca em Clarice é feita através do olhar, semelhante a um fotógrafo e sua câmera. Como ele, Clarice cristaliza o instante. Para o fotógrafo, um leve toque e... clic. Um instante do mundo sensível é retido com toda a sua magia no mecanismo da câmera escura. Para o olhar de Clarice, também, em relação à escrita, num processo de inversão reflexiva da informação "luminosa". Momento único em que a pulsão interior predomina e aquele que escreve fisga um recorte privilegiado do cosmo, e com esse ato se inscreve na leitura desse mundo, eternizando-o, pela mensagem que veicula: a sua mensagem. É o "flash" de Clarice ("epifania", segundo Olga de Sá), e o seu olhar pleno de significado, cuja omissão das palavras se traduz não só no prazer estético da criação, mas em um registro insólito dos fatos, rarefeitos pela descontinuidade, através de uma pluralização dos significantes.

É o que se pode constatar no conto "Amor" onde o olhar, e não as palavras, determina a geometria do percurso da narrativa e revela todo o conflito da personagem Ana, dividida entre a aceitação e a rebeldia das pressões sociais que a aprisionam como donade-casa na "segurança" do lar. De repente, a presença do cego sacudira-a como o bonde nos trilhos, e a rede de tricô, que se tornara "áspera entre os dedos" perdera o sentido, assim como "estar num bonde era um fio partido". Os ovos foram jogados "fora da rede" que os prendia e "as gemas amarelas escorriam". A vida "escorria" pelos fios da rede. "Vários anos ruíam". "O mal estava feito" e o que se observa após são momentos de entrega e de rejeição diante da efervescência de vida do Jardim Botânico. Esse "despertar" é um procedimento recorrente em outros contos de Clarice, o que demonstra a consciente literariedade de sua escritura.

É uma desconstrução do fazer literário convencional e simbólico, um interferir nos ritmos internalizados, substituindo-os por uma materialização das percepções externas nos planos estético e imagético. É a inovação que se instaura como rápidos estilhaços de luz que momentaneamente obliteram a visão e se diluem após no campo da apreensão do cosmo. É o choque no espaço do novo interrompendo a cadência simétrica do habitual.

No conto "Mistério em São Cristóvão" o olhar transita "numa noite de maio" pela cena, mediado pela vidraça que possibilita um ver de fora para dentro no início, seguido de um movimento inverso até culminar com a reciprocidade do olhar num movimento de mão dupla. Quem vê passa a ser objeto do olhar de quem é visto: "Caídos na cilada, eles se olhavam aterrorizados: fora saltada a natureza das coisas e as quatro figuras se espiavam de asas abertas." (LF, p. 132). Fora transposta a muralha que continha e preservava o viver vigiado da "mocinha" e a colocava no plano das possibilidades – do possível tão cheio de perigos –, mas "no meio da festa já começada", numa dimensão em que a sexualidade se aproximava da superfície, "a música interrompeu-se", a magia transformadora da noite se desfez, fechando-se em sua circularidade, esquivando-se dos momentos de epifania[19] naquela casa "iluminada e tranqüila" onde o "rosto branco" da mocinha na janela visualizara as máscaras, e onde "alguma coisa sucedera" naquela noite de maio.

Os elementos recorrentes como "noite de maio" (ligada à simbologia da união corporal, da fertilidade); as "máscaras" de touro e galo (índices de procriação), e do demônio (tentação/pecado), assim como as "plantas" que transbordam de vida "úmida"[20] no jardim, vão oferecendo à cena a dimensão semântica da sexualidade que aflora tempestuosa e transgressiva, ainda que silenciosa, através dos sentidos da visão. São imagens-flashes, instantâneas e fugidias, mas que deixam seu registro fantasmático como em um celulóide negativo cuja visão só se torna nítida após a revelação.

A tentativa de materializar a imagem através da palavra precisa (ainda que em paradoxo), do recurso da justaposição, da economia e de uma nova sintaxe é uma busca experimental e contínua de Clarice, assim como uma prática de transgressão sistemática e consciente em nível temático e de discurso e que, por isso, não pode ser vista como uma perda da capacidade de manipular a linguagem ou as personagens ou, ainda, a narrativa, mas sim como uma contribuição inegável à moderna literatura e ao processo lingüístico que o enriquece ainda mais pela aproximação imagem-palavra na busca de uma nova semântica, engendrada também por uma nova sintaxe. Processo dialógico que retira o leitor/espectador de sua confortável e alienada posição e transporta-o para o mundo da observação atenta, da reflexão crítica e, segundo Cortázar:

---

(19) Epifania como sinônimo de "insight", ou seja, de "quase compreensão" repentina, imediata, como um instante de luminosidade que logo após se dilui.

(20) O úmido em Clarice está sempre ligado às plantas e sua efervescência de vida, mas uma abordagem detalhada dessa questão, dessa simbologia, exigiria uma outra pesquisa.

"Nada mais material e dialético e tangível que a pura imagem que não se ata à véspera, que busca além para entender melhor, para se bater contra a matéria rampante do fechado."[21]

É preciso despertar no leitor o interesse pelo que se encontra atrás da névoa[22] cortina de palavras, é preciso fazê-lo descobrir o prazer da descoberta e, assim, o prazer do texto, de que fala Barthes; o prazer do jogo, onde o leitor é o "comparsa" no dizer de Antonio Candido, ou o "parceiro" na expressão de Julio Cortázar.

Um leitor, co-autor, que se envolve no labirinto da linguagem e participa da fruição do texto construído no espaço da modernidade, é o que "descortina", numa linguagem clariceana, o que está subjacente a uma escritura aparentemente simples, muitas vezes, aparentemente ingênua:[23] "– Quem se aprofunda num ovo, quem vê mais do que a superfície do ovo, está querendo outra coisa: está com fome." (FC, p. 49).

Esse leitor, ao tropeçar nas entrelinhas, reflete sobre o significado que inventivamente aí se instaura sob a égide de deslocamentos e do interdito, porque só assim se revela sem cair na mesmice das mensagens previamente decodificadas. O texto clariceano reveste-se, então, de um caráter "a priori" simplista, ou intimista, como querem alguns; difícil, como afirmam outros, pela justaposição de palavras e expressões paradoxais que, à primeira leitura, saltam desconexas, mas que em sua negação ao já dito revelam-se com novo sentido.

Ao redesenhar a sintaxe de sua escritura, Clarice se apresenta não apenas como uma escritora do seu tempo porque liberta

---

(21) CORTÁZAR, Julio. *Prosa do Observatório*, p. 73.

(22) A adjetivação do termo "névoa", em substituição à nebulosa, parece corresponder melhor à imagem que se deseja transmitir.

(23) "Freqüentemente sua frase parece desajeitada e canhestra. Já houve quem afirmasse a modo de paradoxo: 'Dela se poderia dizer que é uma escritora que não sabe escrever, e por isso escreve tão bem.'" In: Olga de Sá. *A Escritura de Clarice Lispector*, p. 115.

dos esquemas tradicionais, mas uma escritora "incumbida", porque o seu trabalho de romper a crosta do microcosmo resulta em uma leitura mais consciente e rica da realidade.[24]

Não é uma escritura ao acaso, mas uma organização textual consciente, intencional que se utiliza do acaso, do imprevisto, para chegar ao seu destino: o mundo.

_____

(24) Na visão de Denis Huisman "o real é aquilo em que se fundamentam ao mesmo tempo arte e ciência, uma para o procurar e a outra para o ultrapassar". *A Estética*, p. 109.

III - CRIAÇÃO SÍGNICA: A PERSONAGEM

1. A Mímesis e a Personagem

Na tentativa de apreensão e representação do mundo físico, nasceu a personagem no espaço literário, e o primeiro, conforme afirmação de alguns pesquisadores, a discutir seriamente essa questão, foi Aristóteles. O termo "mimesis" percorreu desde então um longo caminho na história da literatura sempre ligado à idéia de imitação, ainda que Aristóteles, segundo Fernando Segolin, em *Personagem e Anti-Personagem*, em cujas propostas teóricas procuramos apoio para discutir este capítulo, analise cuidadosamente este conceito e conclua que "embora o termo 'mimesis' ressalte, na obra de Aristóteles, a faceta representativa da obra literária, não se pode deixar de notar que o autor da *Poética* estava igualmente atento em relação ao fato de que todo trabalho imitativo, por mais fiel que seja ao modelo, à cópia oferecida, exige o desenvolvimento de uma operação ordenadora que, ao mesmo tempo que nos remete para o ser imitado, igualmente aponta para a própria imitação, isto é, para a obra enquanto produto de um gesto mimético, que realça não mais o referente, mas o próprio modo como a imitação deste se configura".[25]

---

(25) SEGOLIN, Fernando. *Personagem e Anti-Personagem*, p. 16.

Segundo essa leitura de Aristóteles, por Segolin, o termo "mimesis" já apresenta uma abrangência muito mais ampla do que habitualmente lhe é atribuída, já propõe um afastamento do referente, escapando dessa forma às amarras que o prendem à faceta de pura representação, de imitação pura e simples da realidade. Pode-se inferir, então, que a personagem, nem mesmo para Aristóteles, como enfatizam muitos, limita-se a uma cópia do ser antropomórfico, que se movimenta no espaço literário movida por forças estranhas a esse espaço, na tentativa de reproduzir fielmente, no plano ficcional, a imagem especular do mundo físico.

Por todo um capítulo da obra de Segolin há uma preocupação em apreender e explicar essa interpretação polêmica da "mimesis" aristotélica no campo da literatura, na busca de uma tradução mais fiel dos conceitos por ele propostos, uma tradução menos limitadora e, conseqüentemente, mais rica e que fundamente a sua pesquisa sobre a personagem.

Essa busca parece frutífera diante do estudo por ele efetuado sobre a narrativa e a personagem, partindo de Aristóteles, passando pelos estudos dos formalistas russos, especialmente de Vladimir Propp, por autores como Barthes, Todorov e Kristeva, e chegando à análise de obras de autores portugueses contemporâneos como José Cardoso Pires e Manuel da Silva Ramos, que vêm provar a trajetória mutacional do conceito de personagem como cópia do ser antropomórfico, com funções definidas, até a antipersonagem, um complexo sígnico totalmente descaracterizado funcionalmente, ou seja, o avesso da personagem.

Como se opera essa transformação é o que Segolin busca demonstrar, levando o leitor a acompanhar "pari passu" a evolução do conceito de personagem, fazendo hiatos em momentos significativos como no século XVIII quando as teses miméticas, talvez pelo novo impulso da prosa de ficção, começam a ser questionadas e combatidas, abrindo espaço para um olhar mais atento sobre a obra em si mesma. Contudo, não houve grande progresso teórico a respeito da narrativa e da personagem, que continuaram envoltas num clima ilusório de realidade, sendo importante lembrar que o romance a essa época permanecia ainda como literatura de entretenimento, portanto uma literatura menor que só se tornou motivo de atenção dos teóricos na segunda década do nosso século com a publicação da *Teoria do Romance*, por Lukács, seguida das reflexões de outros teóricos também representativos como Forster, Muir, e os formalistas russos, entre eles Propp.[26]

Com os formalistas russos, nasceu realmente uma ciência da literatura preocupada com a literariedade da obra, isto é, com a sua qualidade literária. A obra literária passa a ser vista como um sistema de signos, cuja significação é determinada pelo arranjo, pelo modo como se organiza sua estrutura.

A narrativa, então, é dividida em elementos denominados "material" e "procedimento" ou "construção". Como "material" entende-se a "fábula", o conjunto de eventos que darão base à história; como "procedimento" ou "construção", a trama, o modo de se interligar esses eventos. Lucrécia D'Aléssio Ferrara, em *A Estratégia dos Signos*, ao discutir a obra de arte dentro de conceitos modernistas, analisa a visão dos formalistas russos e a sua rejeição à dualidade forma/conteúdo com o seguinte comentário: "Apresentava-se a obra de arte em geral, e não apenas as literárias, como um todo orgânico, inseparável, agenciador da natureza estética, visto que 'os materiais' só adquiriam configuração estética a partir da interferência confirmadora do 'procedimento'. O significado da obra seria, pois, atualizado, totalizado no procedimento"[27], na obra de arte, o que passou a ser considerado a tônica teórica do formalismo russo: "Entretanto, esta tônica teórica, apesar

---

(26) Este trabalho não pretende explorar as teorias a respeito do assunto, que tão bem já o foram por Fernando Segolin em *Personagem e Anti-Personagem;* delineia apenas, para uma melhor compreensão, o percurso dessas teorias até as atuais.

(27) FERRARA, Lucrécia D'Aléssio. *A Estratégia dos Signos*, pp. 6-7.

de seu caráter persuasivo de 'slogan' e propaganda do movimento, não tinha o caráter consumado de um dogma que negligenciasse o estudo do significado da obra para privilegiar os procedimentos significantes, antes, era para melhor reconhecer, para melhor indicar o aspecto semântico que se partia da identificação dos procedimentos em todos os seus aspectos."[28]

Tudo indica ser com esta visão da literatura que Vladimir Propp faz um estudo da narrativa, a qual será o ponto de partida deste nosso capítulo voltado à personagem e às transformações operadas ao longo do tempo, com o objetivo de aí situar os seres ficcionais de algumas obras de Clarice Lispector.

O estudo de Propp analisa as personagens na narrativa pelo ângulo da funcionalidade e as define como feixes de funções.[29]

Em uma narrativa, segundo essa análise, as funções da personagem são predeterminadas, o que é demonstrado em um estudo de cem contos de magia russos, onde as situações, de acordo com o modelo proppiano, se repetem numa lógica sintagmática. Essa descoberta serviu de base a muitos outros pesquisadores do assunto, entre eles, Greimas, Todorov, Barthes, Kristeva, que trabalham na esteira desse modelo ainda que, em alguns momentos, para refutá-los diante da impossibilidade de adequação às novas estruturas narrativas que irromperam no campo literário com a publicação de textos de estruturas mais complexas, como os de James Joyce e Virginia Woolf, por exemplo.

Na literatura brasileira, vários são os autores que enveredaram por esses caminhos do novo fazer literário, surpreendendo/desnorteando o leitor não habituado ainda a incursões por territórios tão inóspitos à assimilação/compreensão imediata. Entre eles, Clarice Lispector.

---

(28) FERRARA, Lucrécia D'Aléssio. *A Estratégia dos Signos*, p.7.

(29) É Segolin quem afirma que Propp, ao conceituar o termo função, acabou conceituando personagem e conclui que "a personagem nada mais é que um feixe de funções, constituído pelos predicados que designam suas ações ao longo da intriga". (*Personagem e Anti-Personagem,* p. 36)

Distanciando-se, já em seu primeiro livro, *Perto do Coração Selvagem*, dos modelos tradicionais de personagem, Clarice obteve não só uma narrativa cuja estrutura evidenciava sua postura radical quanto à experimentação no campo da linguagem, mas também momentos de reação negativa de alguns críticos como Álvaro Lins, que, embora apontasse a semelhança de sua técnica com a de Joyce e Virginia Woolf, não poupou comentários, os quais se tornaram formas recorrentes neste trabalho, a respeito das personagens, como: "Faltam-lhe, como romance, tanto a criação de um ambiente mais definido e estruturado quanto a existência de personagens como seres vivos."[30] Essa visão anacrônica mostra-se inconsistente, diante de suas personagens sem passado, sem história, quase incorpóreas e fugidias, a uma análise cujo instrumento é ainda calcado nos modelos ante-proppianos, inadequados, portanto, a uma avaliação precisa desse elemento novo – a personagem clariceana – que, embora presente na narrativa, nela não se move com a mesma flexibilidade, porque não se quer agente de ações, como os outros seres ficcionais com características humanas, cópias antropomórficas regidas por uma combinatória de ações sucessivas que lhes garante um papel privilegiado, porque mimético, no espaço narrativo.

As personagens de *Perto do Coração Selvagem* já indiciam a ruptura com esse modelo conservador, e já se visualiza a preocupação de Clarice Lispector em instaurar uma outra sintaxe no território lingüístico e estrutural. Neste, a personagem não se posiciona como elemento externo/autônomo à tessitura, mas sim como parte intrínseca, indissociável a ela e no mesmo patamar de valor dos demais componentes do complexo sistema de signos de sua obra literária.

Joana, a personagem dessa primeira obra, é uma menina ainda que percebe, um dia, em seu corpo e em sua mente, as

---

(30) LINS, Álvaro, citação de Olga de Sá. In: *A Escritura de Clarice Lispector*, p.30.

metamorfoses da adolescência. A sua transformação em uma quase-mulher a assusta e Clarice descreve essa passagem no capítulo "O Banho" com uma mestria rara. Vejamos o final desse momento:

> *O quarto de banho é indeciso, quase morto. As coisas e as paredes cederam, se adoçam e diluem em fumaças. A água esfria ligeiramente sobre sua pele e ela estremece de medo e desconforto. Quando emerge da banheira é uma desconhecida que não sabe o que sentiu. Nada a rodeia e ela nada conhece. Está leve e triste, move-se lentamente, sem pressa por muito tempo. O frio corre com os pés gelados pelas suas costas mas ela não quer brincar, encolhe o torso ferida, infeliz. Enxuga-se sem amor, humilhada e pobre, envolve-se no roupão como em braços mornos. Fechada dentro de si, não querendo olhar, ah, não querendo olhar, desliza pelo corredor – a longa garganta vermelha e escura e discreta por onde afundará no bojo, no tudo. Tudo, tudo, repete misteriosamente. Cerra as janelas do quarto – não ver, não ouvir, não sentir. Na cama silenciosa, flutuante na escuridão, aconchega-se como no ventre perdido e esquece. Tudo é vago, leve e mudo.*
> *Atrás dela alinhavam-se as camas do dormitório do internato. E à frente a janela se abria para a noite.* (PCS, pp.69-70

Aqui, a personagem, semelhante à imagem do "quarto de banho indeciso", se dilui em uma forma não-apreensível, porque só visualizada em fragmentos de sentidos que se esgarçam e se entre-tecem no território imprevisível do poético.

2. A Personagem como Construção e Desconstrução da Linguagem

Seguindo ainda os passos de Segolin, que para melhor dissecar esse elemento polêmico – a personagem – operou uma divisão, segundo uma hierarquia de complexidade, em personagem-função, personagem-estado, personagem-texto e antipersonagem, procuraremos ver mais de perto essa diferenciação.

Para uma análise de algumas personagens da obra de Clarice Lispector, nós nos deteremos mais nas duas últimas classificações de Segolin – personagem-texto e antipersonagem – por nos parecer as que melhor traduzem esses complexos signos de sua narrativa.

Para avançarmos um pouco mais nessa tentativa de visualizar com maior nitidez cada uma dessas personagens, necessário se faz recuar um pouco, voltar a Propp, ainda que de forma a apenas remexer na memória.

O pesquisador russo detecta trinta e uma funções nos contos analisados e distingue sete esferas de ação das personagens, sendo que cada uma delas se caracteriza por um conjunto de ações específicas.[31] Essas ações obedecem a uma rigorosa sucessividade lógica e é exatamente essa linearidade de ações sucessivas que dá o caráter temporal, responsável pela ilusão da realidade. A este

---

(31) Essa classificação se encontra detalhada e diagramada por Segolin na obra *Personagem e Anti-Personagem* às pp. 36-37.

ser verbal que, por se constituir num feixe de ações, poderia distanciar-se do ser antropomórfico, mas pela temporalidade dele se aproxima, Segolin nomeia personagem-função.

Quando, porém, a personagem, numa intriga, tem um comportamento avesso às regras preestabelecidas, descaracterizando, por exemplo, o papel heroicizante que lhe cabe, destemporalizando-se e anulando, assim, a sua relação com a personagem tradicional, deixando aflorar o sujeito da enunciação, o contar em detrimento do que é contado, tem-se a personagem-estado. Em alguns contos de Clarice, podemos encontrar exemplos dessa personagem, mas eles surgem já em *Perto do Coração Selvagem*, com Joana, a sua primeira personagem.

Joana, a menina-moça que na cena do "Banho", tão bem explorada por Olga de Sá em *A Escritura de Clarice Lispector*, sofre um processo de transmutação e emerge da água como espantada e doce mulher ao sentir em seu corpo "a invasão da maré" naquele quarto de banho "abafado de vapores mornos" em que na banheira ela se entrega, murmurando baixinho "sílabas mornas, fundidas" enquanto a "água cobre seu corpo" e ela "mal respira". "O que houve?" (...) "Mas o que houve?" Ao emergir do banho "é uma desconhecida". Essa agora menina-mulher é um puro sentir/pensar que percorre a narrativa, destemporalizando-se numa intriga que não se atualiza porque se dilui na tríade amorosa Joana-Otávio-Lídia, que apenas se insinua.

Joana traça um paralelo entre ambas em que Lídia se sobressai com suas características de mulher bela, sensual, completa, capaz de atrair um homem e dele dar à luz um filho. Por isso tem sobre Otávio um direito maior que ela. É a deseroicização da personagem que se repete agora diante de Lídia. Na infância, ela já acontecera em casa do Professor quando o diálogo entre eles é interrompido pela entrada da esposa no aposento, o que provoca em Joana a sensação de inferioridade ao reconhecer: "É que sou feia." e ao perguntar depois ao Professor:

– Eu posso esperar?

(...)

– Esperar o quê?

– Até que eu fique bonita. – Bonita como ela.

(PCS, pp. 60-61)

Os diálogos são escassos; os fatos esporádicos e fragmentados, como fragmentado é o discurso do narrador, em terceira pessoa, por um contínuo monólogo da personagem. Vejamos um trecho ainda do capítulo "O Banho":

Coisas que existem, outras que apenas estão... Surpreendeu-se com o pensamento novo, inesperado, que viveria dagora em diante como flores sobre o túmulo. Que viveria, que viveria, outros pensamentos nasceriam e viveriam e ela própria estava mais viva. A alegria cortou-lhe o coração, feroz, iluminou-lhe o corpo. Apertou o copo entre os dedos, bebeu água com os olhos fechados como se fosse vinho, sangrento e glorioso vinho, o sangue de Deus. Sim, a nenhum deles explicaria que tudo mudava lentamente... Que ela guardara o sorriso como quem apaga finalmente a lâmpada e resolve deitar-se. Agora as criaturas não eram admitidas no seu interior, nele fundindo-se. As relações com as pessoas tornavam-se cada vez mais diferentes das relações que mantinha consigo mesma. A doçura da infância desaparecia nos seus últimos traços, alguma fonte estancava para o exterior e o que ela oferecia aos passos dos estranhos era areia incolor e seca. Mas ela caminhava para frente, sempre para a frente como se anda na praia, o vento alisando o rosto, levando para trás os cabelos. (PCS, pp. 65-66)

As imagens se sucedem em meio a vozes que parecem vir de pontos longínquos, mas vão se aproximando do leitor como se intermediadas e ampliadas por poderosas lentes, que revelam com intensa nitidez os fios já dilacerados que unem as relações humanas:

> *Todos esqueciam, todos só sabiam brincar. Olhou-os. Sua tia brincava com uma casa, uma cozinheira, um marido, uma filha casada, visitas. O tio brincava com trabalho, com uma fazenda, com jogo de xadrez, com jornais. Joana procurou analisá-los, sentindo que assim os destruiria. Sim, gostavam-se de um modo longínquo e velho. De quando em quando, ocupados com seus brinquedos, lançavam-se olhares inquietos, como para se assegurarem de que continuavam a existir. Depois retomavam a morna distância que diminuía por ocasião de algum resfriado ou de um aniversário. Dormiam juntos certamente, pensou Joana sem prazer na malícia.* (PCS, p. 66)

Conduzidas pelo monólogo interior e o fluxo de consciência, as personagens-estado de Clarice articulam-se na narrativa inteiramente desfuncionalizadas, reduzidas a características atributivas, desvinculadas de uma temporalização e de uma representação mimética do mundo:

> *Agora tornava-se claro: era verdadeiro! tudo existia tão livre que ela poderia mesmo inverter a ordem de seus sentimentos, não ter medo da morte, temer a vida, desejar a fome, odiar as coisas felizes, rir-se da tranqüilidade... Sim, bastaria um pequeno toque e numa coragem leve e fácil galgaria a inércia e reinventaria a vida instante por instante. Instante por instante! Tremiam nela pensamentos de vidro e sol. Eu posso renovar tudo com um gesto, sentia bravamente, úmida como uma coisa nascendo, mas confusamente sabia que esse pensamento era mais alto que a sua realização e nada fazia perplexa e serena, nenhum*

58

gesto. Então lentamente afundava na benéfica escuridão do desmaio e da renúncia alegre. (LT, p. 55)

Virgínia, a personagem de *O Lustre*, como vimos, também se afasta dos estereótipos das narrativas comuns, e se quisesse "reinventaria a vida", mas, segundo a narradora, Virgínia: "Quase não tinha desejos, quase não possuía força, vivia no final de si e no começo do que já não era, equilibrando-se no indistinto." (LT, p. 47).

São personagens etéreas, sem função preestabelecida ou previsível pelo leitor, limitando-se a sentir e refletir, distanciadas que estão dos comportamentos autômatos e estereotipados.

A personagem-texto, por sua vez, distancia-se efetivamente do modelo proppiano ao se definir "não mais como agente a serviço de uma intriga, mas como texto-agente de uma metalinguagem que faz do próprio texto seu único herói".[32]

E os textos de Clarice apontam insistentemente para a presença desta personagem que, ao se fazer linguagem, ao se envolver em sua tessitura, acaba por afastar definitivamente a personagem convencional de seu espaço literário.

No conto "Laços de Família", embora a trama textual envolva agentes capazes de desenvolver uma ação, esta não se concretiza, não ultrapassa o limite da possibilidade; são personagens estáticas, desfuncionalizadas, presas ao texto e às frases recorrentes que, em sua redundância, acabam por descaracterizá-las como agentes para revelar-se como linguagem. A narrativa se bifurca nas duas extremidades do laço familiar: em uma delas a relação entre mãe e filha; na outra, entre marido e mulher, verso e reverso da mesma imagem onde o elemento comum é o distanciamento entre os componentes dessa estrutura.

Severina é levada de táxi à estação de trens, por sua filha. No caminho, o choque, resultante de uma freada brusca, faz com

---

(32) SEGOLIN, Fernando. Opus cit., p. 80.

que os corpos de ambas se toquem, criando uma situação constrangedora pelo contato físico, desde sempre evitado. A descoberta desse distanciamento entre elas só é revelado pelas frases recorrentes: "– Não esqueci de nada? Perguntava pela terceira vez a mãe. – Não, não, não esqueceu de nada, respondia a filha." (LF, p. 107), causando estranhamento no leitor pela aparente redundância. Na verdade, o verbo esquecer não aponta para o elemento bagagem, mas sim para o elemento humano, para a ausência de relações afetivas entre mãe e filha: "–...Não esqueci de nada? perguntou a mãe. Também a Catarina parecia que haviam esquecido de alguma coisa, e ambas se olharam atônitas – porque se realmente haviam esquecido, agora era tarde demais." (LF, p. 111). Essa "quase-descoberta", de afeição reprimida, diluída e dilacerada, ainda que afásica, são momentos raros de "consciência cândida, esgarçada, porosa", como afirma em seus discursos Lúcia Santaella ao descrever a primeiridade de Peirce; é a qualidade do sentir que se manifesta por frações de segundo e invade a consciência, sem que essa invasão seja por ela detectada.

E aquilo que, na narrativa, poderia ser espaço para uma cadeia de ações, reduz-se a frases curtas, escassas e repetitivas, aparentemente desconexas no contexto, mas que sintetizam a trama, de modo a integrar-se na tessitura narrativa como imagem especular de uma relação desgastada, esvaziada e corroída pelo tempo e pelo distanciamento.

Na relação conjugal, a outra extremidade dos "laços" no mesmo conto, Clarice desvenda o espectro da personagem Antônio, marido de Catarina, que a olha pela janela afastar-se com o filho: "'Mas e eu, e eu?' perguntou assustado. Os dois tinham ido embora sozinhos. E ele ficara" enclausurado no "seu" sábado, no "apartamento arrumado" onde, com sua gripe, "tudo corria bem" e onde "as relações entre ambos eram tão tranqüilas", se bem que "às vezes ele procurava humilhá-la", mas "humilhava-a com ternura" (LF, p.116).

As ações permanecem no plano das possibilidades, do vir a ser apenas e a narrativa se limita a avaliações, conjecturas, terminando com os verbos condicionados ao futuro do pretérito, ou seja, limitados ao sonho, ao desejo, impedida a sua concretude pelo afrouxamento progressivo e irreversível dos "laços" que os "unem": "Quando Catarina voltasse, eles jantariam afastando as mariposas. O menino gritaria no primeiro sono, Catarina interromperia um momento o jantar..., e o elevador não pararia por um segundo sequer?! Não, o elevador não pararia um instante." (LF, p.117).

Segolin, nas pegadas de Kristeva, afirma: "A antipersonagem define-se, assim, como um verdadeiro sujeito zerológico."[33] E, segundo Kristeva, o sujeito zero é um "espaço que escapa ao tempo e à palavra. Não-representável e não-representado, é o espaço da não representação que se estende entre o 'ser' o 'não ser', entre a afirmação e a negação quando as concebemos como dois termos ao mesmo tempo equivalentes e negativos um em relação ao outro".[34] E, mais adiante, Segolin conclui: "Fruto de uma indagação acerca da natureza da personagem, a antipersonagem interroga acerca da possibilidade da existência da personagem no momento mesmo em que desvela seu verdadeiro ser."[35]

Essa personagem que transita em espaço rarefeito está presente em *Água Viva*, um canteiro de obras onde tudo está por realizar, em que não se visualiza um projeto acabado, mas sente-se a força que movimenta homens e máquinas na pulsão do fazer, do construir: "Quero a experiência de uma falta de construção. Embora este meu texto seja todo atravessado de ponta a ponta por um frágil fio condutor... Este texto que te dou não é para ser visto de

---

(33) SEGCLIN, Fernando. Opus cit., p. 92.
(34) KRISTEVA, Julia. Citação de Fernando Segolin em *Personagem e Anti-Personagem*, p. 93.
(35) SEGOLIN, Fernando. Opus cit., p. 93.

perto: ganha sua secreta redondez antes invisível quando é visto de um avião em alto vôo. Então adivinha-se o jogo das ilhas e vêem-se canais e mares. Entende-me: escrevo-te uma onomatopéia, convulsão da linguagem. Transmito-te não uma história mas apenas palavras que vivem do som." (AV, p. 30). *Água Viva* é o texto fragmentário por excelência. Nele a personagem limita-se a uma voz, do narrador, que atravessa toda a narrativa. É uma narrativa? A dúvida se instaura desde o início com a primeira frase: "É com alegria tão profunda." (AV, p. 7). A oração tem um ponto final e é inconclusa. É como se fosse dizer, mas não diz. A obra não se presta a nenhuma classificação usual. É uma meditação, não filosófica, conceitual, mas poética, sobre o existir que permeia toda a narrativa/escritura e leva consigo o leitor, que se deixa levar... ou se nega de imediato, pois a obra de Clarice tem também o poder dual de atração/repulsão. O seu contínuo questionar sobre os problemas existenciais aproxima uns leitores e afasta outros, habituados estes ao processo simples do contar. As personagens de *Água Viva* onde estão? O leitor comum não as encontra e dizer que a personagem é uma voz não tem boa acolhida.

Contudo, Earl E. Fitz, professor da Universidade da Pensilvânia, discorrendo sobre as personagens de Clarice, vê esse tipo de personagem positivamente: "Os seus melhores personagens, como Martim, GH e a força protagonal de *Água Viva*, se perguntam (como se estivessem numa inquisição religiosa) a respeito de sua própria identidade e da existência mesma."[36]

A essa inovação de criação sígnica da narrativa, ele chama "personagem fenomenológico" e conclui: "Clarice Lispector merece respeito e atenção como um dos narradores fenomenológicos mais poderosos do nosso tempo."[37]

---

(36) FITZ, Earl E."O Lugar de Clarice Lispector na História da Literatura Ocidental: Uma Avaliação Comparativa." In: *Remate de Males*, n°.9, p. 34.

(37) FITZ, Earl E. Opus cit., p. 35.

A essa análise de Earl E. Fitz queremos complementar que, além do questionamento, nessas obras, em torno do ser humano cognitivo, há também o questionar sobre o ato de escrever e de representar. Há um mostrar-se como elemento de composição da obra literária e esse desvelamento retoma a classificação de Segolin como não-personagem ou antipersonagem.

A antipersonagem estrutura-se como uma revisão crítico-metalingüística dos seres narrativos, conforme o próprio Segolin. Ela participa de um jogo textual onde "referentes e contra-referentes, funções e antifunções, tempo e antitempo se entre-chocam, não com o intuito de simplesmente criar uma dialética 'positivo-negativo', 'afirmação-negação', mas com o objetivo de repensar criticamente os seres narrativos".[38]

Há um corte abrupto intervalar no revestimento suave da narrativa que se insinua, expondo a matéria visceral de que é composta, em oposição ao contar tranqüilo, ritmado e previsível que proporciona o deleite passivo e anestesiante.

Repelindo o universo mágico-encantatório, a antipersonagem, agora signo num sistema de signos, como é vista pela semiótica, irrompe da folha branca e se apresenta ao leitor; retira a máscara antropomórfica e se questiona como ser verbal/imagem especular do referente.

Um modelo exemplar desse tipo de ser ficcional temos em *Um Sopro de Vida*, de Clarice Lispector, onde o narrador manifesta a necessidade de criar uma personagem "mais ou menos como fazem os novelistas" (USV, p. 18) e, de maneira inusitada, Ângela Pralini, a personagem de Clarice, vai surgindo, vai tomando forma, pouco a pouco, traço a traço, diante dos olhos do leitor, fazendo-o participar desse processo metalingüístico, desvelador da teia textual: "Tive um sonho nítido inexplicável: sonhei que brincava com o meu reflexo. Mas meu reflexo não estava num espelho, mas

---

(38) SEGOLIN, Fernando. Opus cit., p. 89.

refletia uma outra pessoa que não eu. Por causa desse sonho é que inventei Ângela como meu reflexo? (...) Ângela por enquanto tem uma tarja sobre o rosto que lhe esconde a identidade. À medida que ela for falando vai tirando a tarja – até o rosto nu. Sua cara fala rude e expressiva. Antes de desvendá-la lavarei os ares com chuva e amaciarei o terreno para a lavoura (...) Para criá-la eu tenho que arar a terra." (USV, p. 27).

Essa teia textual entre autor e personagem – AUTOR/ÂNGELA – constrói-se e descontrói-se, pára e prossegue, questionando-se e desnudando-se continuamente, numa intensa e profunda atividade crítica em forma de diálogo entre autor e personagem:

> AUTOR – ...Eu escrevo um livro e Ângela outro: tirei de ambos o supérfluo (...) Este é um livro de não-memórias. Passa-se agora mesmo, não importa quando foi ou é ou será esse agora mesmo (...) Faço o possível para escrever por acaso. Eu quero que a frase aconteça. Não sei expressar-me por palavras. (USV, p. 37)
> ÂNGELA – Falando sério: o que é que eu sou? (...) Minhas idéias são inventadas. Eu não me responsabilizo por elas. (USV, p. 47)
> AUTOR – ...Ângela está continuamente sendo feita e não tem compromisso com a própria vida nem com a literatura nem com qualquer arte. (USV, p. 34)

Há, em *Um Sopro de Vida*, um desfiguramento do processo narrativo convencional, uma não-submissão aos padrões usuais que se refletem não só pelo surgimento insólito da personagem, mas pela fragmentação do discurso em duas falas, num jogo de espelhos, materializando na sua apresentação diagramática AUTOR/ÂNGELA, reforçando a idéia encenatória de representação, de criação ficcional em oposição à de "mimesis":

AUTOR – Sendo Ângela Pralini um pouco desequilibrada eu lhe aconselharia evitar situações de perigo que quebrem a nossa fragilidade.
ÂNGELA – Mas alguma coisa se quebrou em mim, que fiquei com o nervo partido em dois. (...) Cadê eu, perguntava-me. (...) Quando eu me olho de fora para dentro eu sou uma casca de arvore e não a árvore. (USV, pp. 50-51)

O jogo especular percorre toda a trajetória narrativa, assim como o questionamento crítico a respeito da personagem, o desmascaramento de seu antropomorfismo e a sua afirmação como signo no macrossintagma que é a obra.

Ao afirmar "eu sou uma casca de árvore e não a árvore", a personagem se autodefine como ser lingüístico, como representação do "real", não como o "real". E se anula também nesta mesma categoria em um fragmento do diálogo especular:

AUTOR – ...Ângela é o meu personagem mais quebradiço. Se é que chega a ser personagem: é mais uma demonstração de vida além-escritura como além-vida e além-palavra. (USV, p. 40)

Seguindo o percurso realizado por Segolin, ao analisar as personagens de ficção, parece-nos que a estrutura gráfico/semântica do diálogo de *Um Sopro de Vida* leva a uma desconstrução de ambos e não a uma construção. Ao expor a "olho nu" o trabalho de montagem do texto, o projeto estrutural da narrativa, há um desvirtuamento do processo de contar, do relato factual, e uma tendência a explicitar sua essência verbal e negar/anular seu compromisso representativo com o homem e o mundo nos moldes do narrar tradicional. Uma recusa consciente porque interessada no cavar e descobrir/libertar tensões, essas linhas de força que demonstram o estar-se vivo e presente e o poder ainda, apesar dos séculos de aprisionamento pelos comportamentos condicionados, tornar-se um ser não-autômato, ou seja, um ser de linguagem, capaz de realizar em sua plenitude, ainda que contra a ideologia que tudo cerceia, a façanha espetacular de viver.

E diante de obras que, ao primeiro contato, nos deixam perplexos, importante seria seguir a trilha indicada por Segolin: "Se conseguirmos, porém, conter o gesto condenatório e se procurarmos nos aproximar do estranho objeto percuciente e cauteloso de um analista preocupado, antes de tudo, com interrogar e não concluir, cremos ser possível vislumbrar pelo menos alguns vestígios que nos permitam desfazer, ainda que momentaneamente, o caos que tudo anula."[39]

---

(39) SEGOLIN, Fernando. Opus cit., p. 94.

IV - O NARRAR COMO PROCEDIMENTO DE RESGATE

1. A Técnica da Escritura

Arte e técnica em todo e qualquer objeto estético são elementos imprescindíveis ao processo do fazer, indissociáveis porque celularmente imbricados. Todo artista domina uma técnica, ainda que alguns não se dêem conta disso, tão inerente ela se mostra ao seu processo criativo, mas é através dela que o seu projeto de compreensão e revelação do mundo se concretiza. A técnica, porém, como processo operativo da realização estética só se manifesta no espaço da sensibilidade; sem esta, a técnica no âmbito da arte se esvazia. Assim, pode-se dizer até que a equação: técnica + sensibilidade = arte, é verdadeira.

A sensibilidade do artista do campo literário capta as formas, os movimentos, os ritmos e as pulsões, e sua imaginação inventiva os recria nos moldes de sua leitura, utilizando-se da técnica, que oferece o ordenamento desejado a essa percepção simultânea e fragmentária do cosmo, podendo mesmo valer-se – numa experiência mais criativa – de uma aparente desordem a fim de estabelecer, para a formação do significado, a rede de relações que reduzirá a um só e mesmo objeto o enunciado e a enunciação. Ou seja, partindo do elemento-base que é um recorte ou um "flash" do mundo, o criador do texto literário trabalha de modo a rearranjar esses elementos no espaço da ficção, transmudando essas percepções externas em singulares mas sólidas imagens, espelhamento da amostra recolhida do universo existente, já transformado pela leitura crítica e sensível. Esse espelhamento se faz por meio de uma série imprevisível de recursos de expressão, num processo de fusão harmônica – ou de estranhamento – em nível lexical e sintático adequado; de pontuação e diagramação do texto, entre outros, que, aliados ao ritmo e à sonoridade, traduzem esteticamente o objeto de seu olhar. O texto resultante, então, não é, no dizer de Antonio Candido, "um farrapo do mundo imitado pelo verbo, mas uma construção verbal" que traz "o mundo no seu bojo".[40]

Essa montagem, a partir dos fragmentos resultantes de uma desmontagem anterior – trabalho minucioso do artesão da linguagem – é um processo de reflexão do autor diante do objeto de observação, e longe está de um mecanismo autômato, apoiando-se apenas no plano místico e "divino" da "inspiração". É a confluência, portanto, da técnica e da sensibilidade que se abrem para o amplo e sempre novo território da arte.

---

(40) É o que afirma Antonio Candido sobre *Perto do Coração Selvagem* na Introdução a *Clarice Lispector: A Paixão Segundo GH*, p. XVIII.

2. O Ângulo de Visão

Para a reunião dos fragmentos dispersos, coletados pelo autor na tarefa de constituir o tecido ficcional[41] cujas características compreendem comumente unicidade e tensão, o escritor converte-se em manipulador empírico de um laboratório experimental onde os dados são continuamente testados e rearranjados até chegar à reconstrução do modelo imaginado. E para a sua transposição ao leitor surge a necessidade de um conector desses pontos mais ou menos distanciados que, por meio de índices, ainda que sutis, guiará ou apontará o percurso do traçado textual. É o narrador, cuja presença, na literatura moderna, movimenta-se no espaço de ficção de maneira a deixar para o leitor um amplo território onde poderá, com livre trânsito, concluir a trajetória iniciada pelo primeiro.

Os modos de articulação em uma narrativa são ilimitáveis porque ilimitável é a combinatória de signos possível no engendramento da teia ficcional, e a postura do narrador, em relação às personagens, amplia ainda mais essa possibilidade criativa, oferecendo através de seu ângulo de visão uma fresta por onde se pode descortinar o mundo, o seu mundo.

---

(41) Estamos nos referindo aqui à obra ficcional e não ao poema, porque é esse recorte da obra literária que constitui o objeto de nossa pesquisa.

71

Esse ângulo de visão ou foco narrativo, hoje ponto movediço na obra de ficção, origina-se do posto de observação escolhido pelo projeto estrutural desse contar. Contudo, não foi sempre assim. A postura primeira do narrador centrava-se no espaço da imobilidade, sofrendo alterações, através dos tempos, como se pode constatar se acompanharmos a sua caminhada desde a passagem de experiências no relato direto enquanto orador diante de seus ouvintes, ao narrador que se dirige pessoalmente a um leitor, como o condutor de uma trama no romance, preocupado não mais com os problemas do Olimpo e dos heróis universais, próprios da Épica e da Epopéia, mas sim com o homem comum em suas relações interpessoais no microcosmo do cotidiano, limitado pelas paixões humanas e pelas pressões sociais a ele impostas.

A posição do narrador no espaço da narrativa dá a dimensão de seu poder de interferência ou de distanciamento no âmbito de ação das personagens, assim como da condução dos fatos, das impressões sensoriais e da visualização das imagens que serão apreendidas pelo leitor. E do século passado originam-se os estudos voltados para esse posicionamento na arte de contar.

Henry James[42] no século XIX e Percy Lubbock, em 1921, foram os precursores no campo de estudos do foco narrativo na narrativa de ficção. Para ambos, assim como para outros teóricos que neles se embasaram, o ideal seria um distanciamento cada vez maior do narrador, cedendo lugar a um narrar que quase se fizesse por si, ou assim se mostrasse ao leitor, colocando-se de preferência no interior de um personagem de cujo ponto absorveria todos os

---

(42) Henry James (1843-1916), escritor norte-americano que viveu por longa data na Inglaterra, e se notabilizou, além de suas obras como romancista, pelos prefácios a elas elaborados, que se encontram reunidos no livro póstumo *The Art of Fiction and Other Essays*. New York, Robert Morris, 1948. É analisado e exaltado por Percy Lubbock como o romancista que melhor trabalha o narrador na obra de ficção.

elementos necessários à formação de um sentido à narrativa em elaboração, num processo especular de suas idéias.

Percy Lubbock, em *A Técnica da Ficção*, analisa o papel do narrador sob dois aspectos: dramático (cena), pictórico (sumário) e um terceiro, que seria a reunião de ambos. No primeiro, não há praticamente intervenção do narrador, é um desdobramento das cenas, um mostrar-se na narrativa que determina o seu conduzir, enquanto que no segundo, no pictórico, observa-se um contar que exige a presença "palpável" do narrador. E a terceira, uma "mixagem" de ambos, uma categoria que Ligia Chiappini Moraes Leite, em uma análise do assunto, considera superior e dela afirma: "Pictórico-Dramático, combinação da cena e do sumário, sobretudo quando a 'pintura' dos acontecimentos se reflete na mente de uma personagem, através da predominância do estilo indireto livre."[43] Ora, o próprio discurso indireto livre é uma junção do revelar e do ser revelado. Explicando ainda a intervenção do narrador, a respeito da obra de Percy Lubbock, Ligia acrescenta que para Lubbock: "Quanto mais este intervém, mais ele conta e menos mostra."[44] deixando expressa a predileção de Lubbock pelo "mostrar", ou seja, pelo modo dramático, e na análise da obra de vários autores, como Henry James, Tolstói, Flaubert, Thackeray, Dostoiévski e Balzac, torna-se evidente a admiração de Lubbock por Henry James que se utiliza do "mostrar" em detrimento do "contar".

Ao analisar a obra de Henry James, *As Asas da Pomba*, Lubbock afirma não haver nela narrativa alguma. Ela é apenas representada pelos personagens e estes "não descrevem, não passam em revista nem recapitulam o drama, e tampouco o faz o autor. O drama é representado diante de nós, que assistimos ao seu movimento real."[45] e mais adiante: "Usemos esses olhares e esses gestos, expressemos a história que, à sua maneira, é efetivamente um

---

(43) LEITE, Ligia Chiappini Moraes. *O Foco Narrativo*, p. 15.
(44) Idem, p. 14.
(45) LUBBOCK, Percy. *A Técnica da Ficção*, p.116.

drama. O método sobreposto ao método, a visão de uma visão, o processo mental, sensível e visual exposto objetivamente à vista do leitor – é uma arte engenhosa."[46]

Assim, Percy Lubbock vê a possibilidade de uma narrativa que se dissocia do narrador, o que provoca uma reação contestatória de alguns pesquisadores[47], que numa leitura outra dessa questão propõem novas análises. Norman Friedman cria uma tipologia que procura sintetizar e sistematizar essas teorias partindo da busca de respostas a questões intrínsecas ao ato de narrar[48] e ressalta dois pontos importantes a respeito dessa sistematização. O primeiro é que na narrativa moderna há uma preferência pela cena (modo dramático), como anunciava Lubbock; o segundo é que a estrutura narrativa, hoje, embora se volte para a cena, não elimina a possibilidade do sumário (modo pictórico), porque nenhuma obra de ficção criativa se utiliza apenas de um único recurso narrativo.

Entre as categorias apresentadas por Norman Friedman, a "Câmera" e o "Fluxo de Consciência"[49] são os que mais caracterizam a literatura contemporânea porque neles se detecta uma subversão da ótica tradicional do relato. O primeiro pelos cortes bruscos,

---

(46) Idem, p. 117.

(47) WAYNE C. Booth, um dos teóricos que se voltaram para a questão do foco narrativo, considera Lubbock parcial e vê como inúmeras as possibilidades de se contar uma estória, conforme os valores a transmitir ou os efeitos que se quer desencadear.

(48) Norman Friedman, segundo Ligia C. M. Leite, procura resposta às questões: quem conta a história? (narrador ou personagem); em que pessoa? (1ª ou 3ª, ou ninguém narra); de que distância? por que canais de informação? (palavras, pensamentos, impressões ou uma combinação deles).

(49) O texto de Norman Friedman apresenta a divisão: análise mental, monólogo interior e fluxo de consciência. O primeiro é definido como um aprofundamento nos processos mentais da personagem por uma espécie de narrador onisciente: o segundo, um aprofundamento maior, cuja radicalização desliza para o fluxo de consciência onde a linguagem perde os nexos lógicos e se torna caótica. Clarice transita pelos três movimentos.

pelos "flashes", pela aproximação e afastamento da "câmera", ressaltando, como no cinema, os primeiros planos e a montagem, revelando a validade da teoria de Anatol Rosenfeld e Erwin Theodor Rosenthal[50] e a visão de mundo fragmentário. O segundo, pela imersão nos processos mentais e o seu envolvimento com essas várias camadas, trazendo à superfície fragmentos justapostos intervalares do subconsciente. É um resgate dos pensamentos das personagens ou do narrador na sua forma primitiva, à medida que surgem, desarticulados como a própria sintaxe que os apresenta e descontínuos como o mundo que lhes dá sustentação.

Nem sempre essa desarticulação é radicalizada totalmente e pode se apresentar até mais ou menos ordenada através de um narrador que se resume a uma voz onisciente e indireta – em forma de monólogo – que se distende por toda a narrativa, mas recupera sempre a visão fraturada e múltipla do narrador e/ou personagem similar à visão de mundo em nosso século. Para trás ficou a idéia globalizante e ordenada do universo harmônico, o respeito à perspectiva que moldava ilusoriamente o mundo:

> *Se a pintura do século XX deixa de ser mimética, recusando-se a cumprir a função que até então tivera, de copiar a realidade, se ela nega o realismo, se desaparece o retrato, se se abole a Perspectiva, que criava a ilusão do absoluto, mascarando o fato de ser ela própria uma convenção, o Romance também sofre, neste século, alterações análogas: abala-se a cronologia, fundem-se passado, presente e futuro, estremecem os planos da consciência e o onírico invade a realidade; assume-se e se expõe o relativo na nossa percepção do espaço e do tempo; desmascara-se o 'mundo*

---

(50) Anatol Rosenfeld analisa essa questão em "Reflexos sobre o Romance Moderno", In *Texto e Contexto;* Erwin Theodor Rosenthal apresenta essa concepção de mundo em *O Universo Fragmentário.*

epidérmico do senso comum', denunciado como simples aparência; a distensão temporal é revirada pelo avesso, pela fusão do presente, do passado e do futuro, pela criação de uma simultaneidade que altera radicalmente não apenas as estruturas narrativas mas também a composição da própria frase que perde seus nexos lógicos. [51]

Esta se torna, portanto, a forma atual de veicular a imagem cindida e nervosa do mundo na narrativa ficcional, e assim procede o escritor que se nega aos padrões convencionais e já superados do passado, que abarcava o cosmo num desenvolvimento lógico dos fatos, substituindo-os por uma nova ordem lingüística e diagramática e que, ciente da sua impossibilidade de traduzir orgânica e especularmente o universo em sua totalidade, busca na associação (ou dissociação) de fragmentos a montagem de um croqui apenas, exposto a sugestões e análise crítica do leitor. Nada é definitivo, nada é imposto, porque a nossa realidade é cambiável, e a sua face multiforme, e o homem do século XX vive em condições sociológicas mutantes e inteiramente adversas à harmonia e ao equilíbrio.

A narrativa que se quer atual tem de acompanhar esse ritmo desordenado, não só para evitar o anacronismo mas para evitar cair na alienação. E, na busca de entender/revelar os conflitos, desejos e tensões do homem moderno, aventura-se até no labirinto das cadeias nervosas do cérebro, enovelando-se nos elementos constitutivos de seus anseios, nas partículas de sentido que aglutinadas e confusas se atropelam, agitadas pelas pulsões internas e coagidas pelas pressões externas, reproduzindo esteticamente, através de recursos lingüísticos e sintáticos pouco explorados, esse mundo convulsivo que habita os meandros da mente humana.

---

(51) LEITE, Ligia Chiappini Moraes. Opus cit., p. 72, resenhando os conceitos de Anatol Rosenfeld na obra citada.

3. Um Olhar Percuciente

Clarice Lispector, como James Joyce, como Virginia Woolf, se propôs a essa busca introspectiva, através de "insights" luminosos, ou de uma escritura pontilhada de minúsculos incidentes descontínuos, que melhor revelam os conflitos humanos, superando qualquer descrição do narrador ou um encadeamento de fatos, por mais representativos que se mostrem a um primeiro olhar. É Benedito Nunes quem comenta sobre *Perto do Coração Selvagem*: "A correlação dos estados subjetivos substituindo a correlação dos estados de fato, a quebra da ordem causal exterior, as oscilações do tempo como 'durée', que caracterizam a ficção moderna, e que se originam desse centro, integram-se à estrutura de *Perto do Coração Selvagem*."[52]

Assim, já em sua primeira obra, Clarice trabalha com uma organização textual que se aproxima da rebeldia, em termos literários, traduzindo singularmente os movimentos iniciados na Europa e que haviam encontrado repercussão em muitos de nossos escritores, entre eles Oswald de Andrade e Mário de Andrade e – à mesma época de Clarice – Guimarães Rosa. Ainda que diferentes direções fossem tomadas, um ponto comum entre eles permanecia: o propósito de estruturar inusitadamente o seu texto ficcional,

---

(52) NUNES, Benedito. *O Drama da Linguagem*, p. 13.

anulando assim qualquer compromisso com as normas ideologicamente estabelecidas.

Em *Perto do Coração Selvagem*, uma narrativa centrada na personagem Joana, são três os aspectos fundamentais que aí se observam, segundo a análise de Benedito Nunes: "O aprofundamento introspectivo, a alternância temporal dos episódios e o caráter inacabado da narrativa."[53]

Esses recursos usados conjuntamente fortalecem a imagem de uma narrativa que se recusa ao habitual e se deseja distanciada do temporal e do linear, assim como da discursividade e desfecho previsíveis. Márgara Russoto amplia ainda mais essa versão de narrativa que desafia os modelos e afirma que a obra de Clarice apresenta "Imágenes de una transgresión asumida y sistemática. Transgresión que afecta tanto los códigos de la moral como los de la técnica literária. Transgresión de la História y transgresión a nivel del Discurso."[54]

A técnica da sondagem introspectiva revelaria, com visualidade superior à narrativa detalhista e avaliatória, as tensões que habitam e oprimem as personagens no espaço diminuto e rarefeito por que transitam. E em *Perto do Coração Selvagem* apreende-se o início de um escavar que se aprofundaria a cada nova obra, empenhado no desvelar de conflitos pendulares que ora se escondem, ora se revelam. Esse jogo de contrários, mais o fluir de paroxismos, configura as tensões que habitam esses espaços.

"Fitaram-se um segundo. Ela não teve medo, mas sentiu uma alegria compacta, mais intensa que o terror, possuí-la e encher-lhe todo o corpo." (PCS, p. 173)

"Alegria compacta", oxímoro que pertence ao campo semântico da opressão, talvez, e que se opõe a um estado de júbilo, de satisfação e descontração que a palavra alegria deveria suscitar.

---

(53) NUNES, Benedito. Opus cit., p. 19.
(54) RUSSOTO, Márgara. "La Narradora": Imágenes de la Transgresión en Clarice Lispector. In: *Remate de Males*, p. 91.

Acrescida da comparação "mais intensa que o terror", a expressão se afasta totalmente de sua significação primeira e aponta para uma sensação que transita da surpresa ao espanto, chegando ao entorpecimento pela imobilidade dos sentidos que se reflete na ação de se deixar possuir.

É fácil observar que a imagem revelada por esse tipo de expressão possui contornos semânticos bem mais delineados que uma simples expressão usual para indiciar-se "estar aterrorizada". Expressões gastas pelo uso não mais provocam reação no leitor; diferente de "alegria compacta" que, pelo estranhamento produzido, conduz a uma releitura e à reflexão.

> *Nunca nunca sim sim. Tudo era como o barulho do bonde antes de adormecer, até que se sente um pouco de medo e se dorme. A boca da máquina fechara como uma boca de velha, mas vinha aquilo apertando seu coração como o barulho do bonde; só que ela não ia adormecer. Era o abraço do pai. O pai medita um instante. Mas ninguém pode fazer alguma coisa pelos outros, ajuda-se. Anda tão solta a criança, tão magrinha e precoce... Respira apressado, balança a cabeça. Um ovinho, é isso, um ovinho vivo. O que vai ser de Joana?* (PCS, p.16)

O narrador, reduzido a uma voz, se enovela no emaranhado de imagens mentais num espaço atemporal, é esmagado por elas que, sem a sua mediação, chegam como que atônitas e desordenadas à superfície, deixando, porém, em sua emersão, sutis vislumbres de inquietações sociais. "Mas ninguém pode fazer alguma coisa pelos outros, ajuda-se..." ou "...um ovinho vivo. Que vai ser de Joana?"

Em outros momentos, é a rebeldia que aflora em explosões não contidas diante de lembranças: "...Não, não, – repetia-se ela – é preciso não ter medo de criar. No fundo de tudo possivelmente o animal repugnava-lhe porque ainda havia nela o desejo de agradar e de ser amada por alguém poderoso como a tia morta. Para depois no entanto pisá-la, repudiá-la sem contemplações. Porque a melhor frase, sempre ainda a mais jovem, era: a bondade me dá ânsias de vomitar." (PCS, p. 18). As imagens de opressão suscitadas pelos verbos **pisar** e **repudiar** alusivos à tia morta que a colocara órfã num internato, cujos seios "podiam sepultar uma pessoa" e para quem Joana era um "bicho estranho" ou "uma víbora fria", a voz narrativa contra-ataca com a expressão: "A bondade me dá ânsias de vomitar." E continua: "A bondade era morna e leve, cheirava a carne crua guardada há muito tempo. Sem apodrecer inteiramente apesar de tudo. Refrescavam-na de quando em quando, botavam um pouco de tempero, o suficiente para conservála um pedaço de carne morna e quieta." (PCS, p. 18).

Aqui o narrador, dominando a mente da personagem, opera na linha da ironia, ridicularizando os sentimentos comumente positivos de bondade, tão exaltados nos textos que se colocam a serviço da ideologia: "bondade morna e leve" dá a dimensão de sua inoperância, de sua inércia, reforçada ainda pela analogia à carne que, embora pertença ao campo semântico do pulsar, de vida, esvazia-se pela adjetivação "morna e quieta".

No texto de *Água Viva,* há um recrudescimento do ato de rebelar-se contra a narrativa historicista, lógica. Estrutura-se na experimentação da linguagem, tendo por narrador/personagem apenas uma voz "força protagonal". Um **eu** que se dirigindo a um **tu** desloca-se do particular para o universal. Um espaço escritural que se liberta e se afasta de classificações quanto ao gênero e oscila entre um título e outro.[55] Mas enquanto o título passa por

---

(55) Segundo Alexandre E. Severino (In: *Remate de Males*, p. 115), o primeiro título pensado por Clarice para *Água Viva*, e compreendendo um maior número de páginas, foi *Atrás do Pensamento: Monólogo com a Vida*, que depois se transformaria em um subtítulo para *Objetivo Gritante*, resultando, por fim, mais condensado, em *Água Viva*.

transformações, a estrutura em monólogo se mantém porque a que melhor resgata as oníricas pulsões, numa escritura que se revela, lembrando Barthes, um "texto de gozo", num desdobramento da "consciência reflexiva", segundo Benedito Nunes. É um texto molecular porque fragmentário e, em sua forma recorrente, recupera ainda a consciência de um universo fraturado e a radical cisão do sujeito.

Há uma liqüefação da narrativa que se espalha descontínua e amorfa:

> *Ouço o ribombo do tempo. É o mundo surdamente se formando. Se eu ouço é porque existo antes da formação do tempo. 'Eu sou' é o mundo. Mundo sem tempo. A minha consciência agora é leve e é ar. O ar não tem lugar nem época. O ar é o não-lugar onde tudo vai existir. O que estou escrevendo é música do ar. A formação do mundo. Pouco a pouco se aproxima o que vai ser. O que vai ser já é. O futuro é para a frente e para trás e para os lados. O futuro é o que sempre existiu e sempre existirá. Mesmo que seja abolido o Tempo? O que estou te escrevendo não é para se ler – é para se ser. A trombeta dos anjos-seres ecoa no sem tempo. Nasce no ar a primeira flor. Forma-se o chão que é terra. O resto é ar e o resto é lento fogo em perpétua mutação. A palavra 'perpétua' não existe porque não existe o tempo? Mas existe o ribombo. E a existência minha começa a existir. Começa então o tempo?* (AV, p.42)

Há também uma explícita rebeldia e o desejo transgressivo se concretiza na linguagem avessa à sintaxe usual:

Quero lonjuras. Minha selvagem intuição de mim mesma. Mas o meu principal está sempre escondido. (AV, p. 27)

81

Constata-se também um discurso apologético em relação à postura libertária, ao "laissez-faire", à desordem como forma de viver:

> *Assim como me lanço no traço de meu desenho, este é um exercício de vida sem planejamento. O mundo não tem ordem visível e eu só tenho a ordem da respiração. Deixo-me acontecer.* (AV, p. 26)

E, ainda, o reforço desse assumir:

> *Não conheço a proibição... trabalho com o indireto, o informal e o imprevisto.* (AV, p. 46)

Pode-se detectar até o apontar direto para a problemática social, visualizando-se uma "mensagem" aqui diagramada em linha reta, ao alcance também do leitor comum. É uma mensagem bipartida em denúncia e canto de revolta:

> *Mas há os que morrem de fome e eu nada posso senão nascer. Minha lengalenga é: que posso fazer por eles? Minha resposta é: pintar um afresco em adágio. Poderia sofrer a fome dos outros em silêncio mas uma voz de contralto me faz cantar – um canto fosco e negro. É minha mensagem de pessoa só.* (AV, p. 50)

O "pintar um afresco em adágio" oferece a dimensão de um grafismo que embora consciente de sua lentidão em alcançar o seu fim, nega-se a permanecer no território neutro do silêncio e lança seu grito de "pessoa só" num "canto fosco e negro".

Esse canto repete-se com força redobrada na crônica "Crianças Chatas" (DM, p. 9):

Não posso. Não posso pensar na cena que visualizei e que é real. O filho está de noite com dor de fome e diz para a mãe: estou com fome, mamãe. Ela responde com doçura: dorme. Ele diz: mas estou com fome. Ela insiste: durma. Ele diz: não posso, estou com fome. Ela repete exasperada: durma. Ele insiste. Ela grita com dor: durma, seu chato! Os dois ficam em silêncio no escuro, imóveis. Será que ele está dormindo? – pensa ela toda acordada. E ele está amedrontado demais para se queixar. Na noite negra os dois estão despertos. Até que, de dor e cansaço, ambos cochilam, no ninho da resignação. E eu não agüento a resignação. Ah, como devoro com fome e prazer a revolta.

"Crianças Chatas", crônica atemporal, tem a densidade e a surpresa do conto e se resume no diálogo mãe/filho, mediado por um narrador onisciente. Esse diálogo distende-se na linha da repetição, num processo de ação e reação recíproco, marcado por uma cadência simétrica, um compasso binário que assinala um recrudescimento de tensão indicial, reforçado pela alteração das formas verbais, acentuando a dramaticidade crescente: "responde com doçura: dorme"; "insiste: durma"; "repete exasperada: durma"; por fim, no clímax do desespero, "grita com dor: durma, seu chato!" e o ritmo é bruscamente interrompido pelo silêncio.

A mudança do modo verbal (dorme/durma), que se desloca do pedido para a ordem, desencadeia o processo metamórfico que opera no espaço da impotência gerando a angústia e o desespero que vai culminar com o grito de: "durma, seu chato!", seguido do silêncio e da resignação.

A crônica/poema, numa economia de linguagem que se apóia em paralelismos sintáticos: "Ele... Ela... Ele... Ela..." e antíteses: "Será que ele está dormindo? – pensa ela toda acordada.", produz imagens que projetam a realidade, mas não a copiam, representam-na apenas através de elementos que se justapõem em harmonia ou atrito, engendrando um processo sinestésico onde o social se funde no poético como índice de denúncia e impotência: "ficam em silêncio no escuro".

O grito de revolta do narrador, então, torna-se explícito: "Ah, como devoro com fome e prazer a revolta."

Clarice, ao usar a primeira pessoa, afastou-se sempre de relatos pessoais "...eu não escrevo como catarse, para desabafar, não. Eu nunca desabafei num livro. Pra isso servem os amigos. Eu quero a coisa em si".[56] Essa preocupação em afastar-se em suas obras do seu **eu** particular para deixar aflorar um **eu** coletivo – "a coisa em si" –, é o caminho que, embora em diagonal, a afasta da classificação de "intimista" para atingir o território mais amplo do social.

Enquanto em *Água Viva* o eu é o narrador que se reduz a uma "força protagonal", em *Um Sopro de Vida*, uma narrativa de estrutura especular, multiplica o **eu** na medida em que o narrador se subdivide em "Autor" e "Ângela", em que um reflete avessamente a imagem do outro.

Na crônica "A Favor do Medo" a forma pessoal, que registra a presença do narrador/personagem, viaja no tempo e resgata a personagem mulher – servidora secular dos caprichos/exigências e do autoritarismo masculinos – de maneira a ironicamente denunciar a subserviência a que sempre foi submetida e a não-equivalência nos papéis socialmente estabelecidos porque "O homem, este meu igual que me tem assassinado por amor, e a isto chama de amar, e é." (DM, p. 43) vem adestrando a sua presa de longa data: "Séculos adestraram-me, e hoje sou uma fina entre as finas." (DM, p. 43). "Hoje sou uma fina", uma mulher que aos poucos vai se desenvolvendo, certa de que "através da idade da pedra fui exatamente

---

(56) Consta da entrevista concedida a Affonso Romano de Sant'Anna e Marina Colasanti, para o arquivo do MIS, em 20/10/76.

maltratada pelo amor de algum homem" (DM, p. 42) e lembra ainda: "Quem já me levou na idade da pedra para um *passeito* do qual nunca mais voltei porque lá morando fiquei?" (DM, p. 42).

Por toda a crônica é problematizada a questão arquetípica do masculino e do feminino, é traçado um paralelo entre a mulher do passado e a mulher do presente, diluindo-se o **eu** nesse percurso para que a temática da submissão da mulher ao homem, que atravessou séculos e séculos, seja dissecada e seus fragmentos/ entranhas expostos a céu aberto.

O **eu** de "... eu e o Homem fomo-nos compreendendo cada vez melhor" passa em um outro parágrafo a um **nós** que, corajoso e irônico, já se mostra: "**nós** todas temos sido durante milênios continuamente convidadas a passeios, estamos habituadas e contentes, raramente açoitadas" (DM, p. 44).

O eu = nós/mulheres não se restringe apenas ao salto do singular ao plural, mas busca também a vertente da descese nivelando mulher e bicho. Assim, mulher = bicho é uma forma recorrente em Clarice.

"Era uma galinha de domingo", assim tem início um de seus contos ("Uma galinha") em que a ambigüidade descritiva salta da galinha para a mulher em movimentos rápidos e inesperados, surpreendendo o leitor.

"Parecia calma. Desde sábado encolhera-se num canto da cozinha. Não olhava para ninguém, ninguém olhava para ela ... Nunca se adivinharia nela um anseio." (LF, p. 33) Nela quem? A galinha? A mulher?

Após a ameaça de fuga, a tentativa de alçar a liberdade fora dos limites domésticos, ela retorna "entre gritos e penas" pelas mãos do dono da casa. "De pura afobação" ela põe um ovo, "nascida que fora para a maternidade". A partir de então "a galinha passou a morar com a família... tornara-se a rainha da casa" (LF, pp. 34-35).

Aqui, a transferência das qualidades de mãe, dona-de-casa e membro da família à galinha é efetuada sem subterfúgios, de forma horizontal, pela equivalência de valores a ambas atribuídos. Assim, o conto determina a seguinte equação:

Galinha = mãe = mulher.

Ou ainda:

"De manhã bem cedo ia espiar as vacas no estábulo. As vacas mugiam. Maria das Dores sorria-lhes. Todos humildes: Vacas e mulher." (VCC, p. 43).

A igualdade aqui também se presentifica, reduzindo a um só plano "vacas e mulher".

A fusão mulher/barata, porém, elimina todo e qualquer traço diferencial entre humano e inumano, em *A Paixão Segundo GH*. Primeiro com a identificação barata/Janair (a empregada mulata): "a barata e Janair eram os verdadeiros habitantes do quarto" (PSGH, p.45) e, depois, com GH:"... fui-me deitando no colchão áspero e ali, toda crispada, adormeci tão imediatamente assim como uma barata adormece na parede vertical... Quando acordei... Vinda daquele sono, em cuja superfície sem profundidade minhas patas curtas se haviam agarrado, eu estremecia agora de frio". (PSGH, p.100) ou: "Eu, corpo neutro da barata." (PSGH, p.61).

4. O Desvelar do Erotismo

A atividade erótica, exclusiva do ser humano, é, segundo Georges Bataille, uma exuberância de vida. Está ao nível do excesso, do transbordamento em um sistema organizado que se apóia acima de tudo no trabalho e na razão. Localiza-se exatamente no ponto em que o homem, embora ser de raciocínio, nesse instante dele se distancia, assumindo a sua característica pendular entre o humano e o inumano, entre o social e o animal.[57] Daí o interdito à sua manifestação – medida acauteladora contra o desequilíbrio e a desorganização que ele instaura. Daí também o erotismo revelar-se, em sua essência, como a transgressão por excelência à formulação do interdito.

Clarice não dispensa em sua obra a presença do elemento erótico. Ao contrário, ele ressurge continuamente vivificando a

---

(57) Segundo Georges Bataille: "A ansiedade sexual perturba uma ordem, um sistema sobre o qual repousam a eficiência e o prestígio. O ser, na verdade, se divide, sua unidade se rompe, desde o primeiro instante da crise sexual. Nesse momento, a vida pletórica da carne choca-se com a resistência do espírito... O movimento carnal é singularmente alheio à vida humana: ele se desencadeia independente dela, contanto que ela se cale, contanto que ela se ausente. Aquele que se abandona a esse movimento não é mais humano. Como os animais, reduzir-se-á ao cego desencadeamento dos instintos, gozando momentaneamente da cegueira e do esquecimento." *O Erotismo*, p. 98.

sua escritura que se tece na esfera do sensível, sem contudo mergulhar no registro fácil e tão fartamente experenciado do prelúdio amoroso. O erotismo em seus textos traduz-se em reverberações que iluminam por densos instantes insólitos recortes de seu caminhar narrativo como coágulos flutuantes que sob forte tensão se rompem, permitindo entrever, nos espaços intervalares de seu fragmentar, "insights" do tecido sensual de que se compõem.

Na cena do capítulo "O Banho" (PCS), o trabalho com os significantes chega à fronteira do icônico pelo despertar sinestésico de sensações visuais, auditivas, tácteis e mesmo térmicas, resgatadas pela linguagem: "água borbulhando", "quarto abafado de vapores mornos", "espelhos embaçados" e "reflexo do corpo já nu... nos mosaicos úmidos" delineiam o percurso erótico em que imergirá a narrativa.

A moça ri mansamente de alegria de corpo. Suas pernas delgadas, lisas, os seios pequenos brotaram da água. Ela mal se conhece, nem cresceu de todo, apenas emergiu da infância. Estende uma perna, olha o pé de longe, move-o terna, lentamente como a uma asa frágil. Ergue os braços acima da cabeça, para o teto perdido na penumbra, os olhos fechados, sem nenhum sentimento, só movimento. O corpo se alonga, se espreguiça, refulge úmido na meia escuridão – é uma linha tensa e trêmula. Quando abandona os braços de novo se condensa, branca e segura. Ri baixinho, move o longo pescoço de um a outro lado, inclina a cabeça para trás – a relva é sempre fresca, alguém vai beijá-la, coelhos macios e pequenos agasalham-se uns nos outros de olhos fechados. – Ri de novo, em leves murmúrios como os da água. Alisa a cintura, os quadris, sua vida.... Atenta para o que está sentindo, a invasão da maré. Que houve? ... Mal respira. O que houve?... Mas o que houve ? Murmura baixinho, diz sílabas mornas, fundidas. (PCS, pp. 68-69)

Há um distanciamento perceptível do sistema racional, há um sobrepor de sensações "mornas" que apontam para um gozo sensual. "Ri baixinho" enquanto se abandona à maciez e ao aconchego dos coelhos na relva e culmina com a "invasão da maré" sobre o seu corpo que, em êxtase, "mal respira", e se pergunta em murmúrios cujas "sílabas mornas" também se fundem: "O que houve?... Mas o que houve?"

A figura do cavalo é também uma imagem recorrente impregnada de erotismo.

Tinha a sensação de que a vida corria espessa e vagarosa dentro dela, borbulhando como um quente lençol de lavas. Talvez se amasse... E se, pensou longinquamente, de súbito um clarim cortasse com seu som agudo aquela manta da noite e deixasse a campina livre, verde e extensa... E então cavalos brancos e nervosos com movimentos rebeldes de pescoço e pernas, quase voando, atravessassem rios, montanhas, vales... Neles pensando, sentia o ar fresco circular dentro de si próprio como saído de alguma gruta oculta, úmida e fresca no meio do deserto. (PCS, p. 86)

Ou ainda:

Qualquer coisa agitava-se em mim e era certamente meu corpo apenas... o cavalo de onde eu caíra esperava-me junto ao rio. Montei-o e voei pelas encostas que a sombra já invadia e refrescava. Freei as rédeas, passei a mão pelo pescoço latejante e quente do animal. Continuei a passo lento escutando dentro de mim a felicidade, alta e pura como um céu de verão. Alisei meus braços, onde ainda escorria a água. Sentia o cavalo perto de mim, uma continuação do meu corpo. Ambos respirávamos palpitantes e novos. Uma cor maciamente sombria deitara-se sobre as campinas mornas do último sol e a brisa leve voava devagar. (PCS, p. 75)

O abandonar-se momentâneo ao espaço dos sentidos marca a passagem do racional para o sensual, que é reforçada pela imagem do cavalo, símbolo de potência sexual, e a sua fusão com a personagem, colocando mulher e cavalo no mesmo nível: o da animalidade.

No conto "Mistério em São Cristóvão"[58] não há referência ao despertar da sexualidade da personagem de dezenove anos, mas o erotismo imanente da linguagem oferece os contornos dessa transmutação e a mocinha – personagem central – que se encontra "equilibrando na delicadeza de sua idade", após o jantar com a família numa "noite de maio" vai para o seu quarto; antes, porém, de deitar-se, abre a janela e respira "todo o jardim com insatisfação e felicidade". A adição dos contrários (insatisfação e felicidade) já indicia o engendramento de novos ritmos no espaço narrativo: "Perturbada pela umidade cheirosa, deitou-se prometendo-se para o dia seguinte uma atitude inteiramente nova que abalasse os jacintos e fizesse as frutas estremecerem nos ramos." (LF, p. 130).

O itinerário da mocinha em seu quarto, sufocada por uma "umidade cheirosa" que vinha da "terra proibida do jardim" onde "os jacintos estremeciam imunes" e incapaz de manter em uma cadência pacífica o desejo de que "as frutas estremecessem nos ramos" vai culminar com a visão de três máscaras: touro, galo e demônio (ligados à simbologia da sexualidade e do pecado) que, em silêncio, através do olhar, com ela comungam o instante em que o acaso e o perfume dos jacintos os reúnem em mágica e mútua contemplação, quebrando assim a rotina daquela casa "iluminada e tranqüila".

---

(58) No capítulo II, já existe uma alusão à sexualidade que perpassa o conto "Mistério em São Cristóvão".

Os quatro, vindos da realidade, haviam caído nas possibilidades que tem uma noite de maio em São Cristóvão. Cada planta úmida, cada seixo, os sapos roucos, aproveitavam a silenciosa confusão para se disporem em melhor lugar – tudo no escuro era muda aproximação. Caídos na cilada, eles se olhavam aterrorizados: fora saltada a natureza das coisas e as quatro figuras se espiavam de asas abertas. Um galo, um touro, o demônio e um rosto de moça haviam desatado a maravilha do jardim... Foi quando a grande lua de maio apareceu. (LF, p. 132)

Clarice opera no plano das sensações, onde elementos visuais, olfativos se fundem com o úmido e o proibido; a confusão silenciosa na "noite de maio" (período de fertilidade?) aproxima as figuras que se espiam "de asas abertas", já desatada a "maravilha do jardim", plasmando as máscaras num movimento paradoxal de quase-petrificação externa e intensa convulsão interna, mediadas pelo olhar e pela sensualidade úmida das plantas, e registrando no "jacinto ainda vivo quebrado no talo..." as marcas de que realmente "alguma coisa sucedera" naquela noite de maio. Algo se rompera, colocando em perigo toda uma estrutura familiar organizada no território do interdito.

No conto "Amor", a personagem Ana temia a "hora perigosa" do final da tarde, quando uma "felicidade insuportável" a assaltava, por isso tudo fazia para evitar esse momento cheio de perigo, para que nada perturbasse a ordem de seu viver costumeiro: "Ela apaziguara tão bem a vida, cuidara tanto para que esta não explodisse. Mantinha tudo em serena compreensão, separava uma pessoa das outras, as roupas eram claramente feitas para serem usadas e podia-se escolher pelo jornal o filme da noite – tudo feito de modo a que um dia se seguisse ao outro. E um cego mascando goma despedaçava tudo isso." (LF, p. 24).

A visão do cego colocara sua vida em crise, pois era com prazer intenso que olhava as coisas agora à sua volta e essa plenitude de vida atinge dimensões infinitas ao penetrar no mundo vivo e pulsante do Jardim Botânico, onde se apercebe com um "mal-estar" que caíra numa emboscada porque ali se fazia "um trabalho secreto" e:

Nas árvores as frutas eram pretas, doces como mel... Com suavidade intensa rumorejavam as águas. No tronco da árvore pregavam-se as luxuosas patas de uma aranha. A crueza do mundo era tranqüila. O assassinato era profundo... era um mundo de se comer com os dentes, um mundo de volumosas dálias e tulipas. Os troncos eram percorridos por parasitas folhudas, o abraço era macio, colado. Como a repulsa que precedesse uma entrega – era fascinante, a mulher tinha nojo, e era fascinante. (LF, p. 26)

Há uma proliferação convulsiva de signos que apontam para o erótico, para a transgressão do mundo organizado, repetitivo, possibilitando uma incontrolável liberação explosiva de pulsões há muito contidas, abafadas pelo cotidiano porque "A moral do Jardim era outra." e Ana "estremecia nos primeiros passos de um mundo faiscante, sombrio, onde vitórias-régias boiavam monstruosas". E diante de tanta exuberância de vida "Ana mais adivinhava que sentia o seu cheiro adocicado... O Jardim era tão bonito que ela teve medo do Inferno." (LF, p. 26) e, segundo Georges Bataille, é o ser que se divide, oscilando entre a vida pletórica da carne e a resistência do espírito.

5. Circularidade e Opressão

Uma ficcionista que se afasta do factual, que condena sentimentalismos: "pretendo 'rasgar' também todo e qualquer sentimentalismo e deixar os outros em paz..."[59] e que se define como uma "antiescritora", não poderia assumir uma outra postura, diante dos mecanismos de pressões sociais, a não ser a do desvio estético. A construção do seu mundo ficcional se dá no espaço mágico/onírico da criatividade, onde a geometrização proposta pelo autor coloca no mesmo plano enunciação e enunciado, em que o primeiro completa e concretiza os projetos do segundo.

E Clarice, em sua obra, coloca continuamente em evidência o jogo de submissão e domínio que "secretamente" se faz no âmbito familiar, cujo objeto de dominação é o elemento feminino e que, pela servidão a que foi secularmente submetida, desempenha o papel subserviente menor com uma resignação aparente, muitas vezes internalizada, hereditária que se fez no tempo, como se nenhum outro espaço além do doméstico e o da família pudesse se tornar seu objeto de desejo.

O seu apontar para o clima opressivo se faz através de um

---

(59) Citação de correspondência de Clarice (1947) para a irmã, quando residia em Berna (Suíça), publicada na obra de Olga Borelli, na tentativa de traçar um perfil de Clarice. *Clarice Lispector: Esboço para um Possível Retrato*, p.132.

tecido ficcional num movimento circular que concretiza na própria forma a incapacidade de seus personagens em fugir do círculo vicioso da rotina cotidiana, condenadas que foram, as donas-de-casa, a um processo metamórfico de animalização doméstica (dócil e servil), banidas de quaisquer outros meios que extrapolem os limites de casa, marido e filhos – autômatas e assexuadas – repetindo à exaustão a figura religiosa da mãe (de Deus?), imagem idealizada e imposta pelos padrões sociais.

Clarice problematiza essa questão utilizando-se de seus mecanismos recorrentes como o monólogo interior, tentando captar os fluxos internos, convulsivos e erotizados, numa busca – sempre frustrada – de fuga de seus personagens ou, como afirma Benedito Nunes ao discutir a circularidade de seus escritos, "... o fluxo da consciência, o discurso de memória, o humor, o grotesco 'o jogo de personagens em triângulo amoroso', e, principalmente, a carga passional de sedução por eles vivida, que os arranca, violentamente, por um momento, da realidade cotidiana e trivial para onde sempre retornam, tal como sucede com GH de volta do êxtase ao mundo humano organizado".[60]

Essa análise confirma nossa leitura de que há uma incapacidade contextual de evasão do círculo predeterminado, de liberação da masmorra domiciliar, que se caracteriza pela fuga, apenas momentânea, no plano do desejo, seguida de uma (re)volta silenciosa ao ponto de partida.

Alguns contos de Clarice tornam evidente essa busca de elementos que se chocam, entre o **querer** e o **poder**. Em "Amor", a personagem Ana, cujo próprio nome espelha a circularidade de seu mundo, diante da explosão de vida que a visão do cego desperta, sente-se impotente, a princípio, e se deixa conduzir, aturdida, perplexa, pelas sensações que a impulsionam, e a sondagem mental possibilita um adentrar-se nesse contexto privado, e a ver

---

(60) NUNES, Benedito. *Clarice Lispector: A Paixão Segundo GH*, p. XXIX.

mais de perto a dissonância existente entre o externo e o interno, este sempre camuflado por uma tranqüilidade aparente, por uma felicidade frágil que se resume na repetição segura dos comportamentos estereotipados: "Ela apaziguara tão bem a vida, cuidara tanto para que esta não explodisse. Mantinha tudo em serena compreensão... – tudo feito de modo que um dia se seguisse ao outro... E um cego mascando goma despedaçava tudo isso." (LF, p. 24).

E o acompanhar silencioso do narrador colado à mente da personagem possibilita, no espaço do Jardim Botânico, sentir as transformações que se operam no interior de Ana: "Ao seu redor havia ruídos serenos... Fazia-se no Jardim um trabalho secreto... Nas árvores as frutas eram pretas, doces como mel. Havia no chão caroços secos cheios de circunvoluções, como pequenos cérebros adormecidos." (LF, pp. 25-26).

A analogia ressalta viva pela contraposição de imagens das "frutas pretas, doces como mel" aos "caroços secos" que se assemelhavam a "pequenos cérebros adormecidos". Os dois pólos da vida de Ana: o possível do mundo fascinante/o existente dos calmos deveres, apoiados nos desejos adormecidos.

Ao ser colocado diante do emaranhado turbulento de tensões da mente da personagem, o leitor se depara com uma outra realidade que em nada se assemelha à anteriormente visualizada. Há, portanto, um delineamento nítido da oposição entre o veicular da imagem externa – passível e feliz – e a interna – tensa e angustiada –, como se no mesmo corpo houvesse a união de dois seres totalmente distintos e antagônicos. E o narrador não interpreta esses índices. Repassa ao leitor esse fazer, transforma-o em "voyeur" desse conflito. Ele não faz denúncias explícitas. Deixa apenas que o olhar do outro penetre também essas camadas mais profundas da mente, constate e reflita sobre as ansiedades reprimidas que corroem as personagens no espaço do silêncio, do não-dito, na tentativa de desvelar a verdadeira imagem que o poder, de uma forma repressiva, procura também ocultar.

Contudo, o instante de abandono aos sentidos das personagens clariceanas, diante de vislumbres, "insights" rápidos de tomada de consciência, é efêmero[61] e a narrativa num movimento em círculo retorna à posição inicial de resignação autômata, de rejeição ao sensorial, ao viver, deixando, porém, as marcas de sua passagem ligeira, como em "Amor": "Depois, quando todos foram embora e as crianças já estavam deitadas, ela era uma mulher bruta que olhava pela janela... O que o cego desencadeara caberia nos seus dias?" (LF, p. 30). E, por fim, junto do marido que a espia "com maior atenção" e lhe dá um "rápido afago": "É hora de dormir, disse ele, é tarde. Num gesto que não era seu, mas que pareceu natural, segurou a mão da mulher, levando-a consigo sem olhar para trás, afastando-a do perigo de viver." (LF, p. 31).

No conto "Uma Galinha" são três também as etapas que o estruturam: o momento da fuga, o sonho alucinado de atingir as alturas dos telhados em busca da liberdade e, por fim, "entre gritos e penas", o retorno à etapa anterior. O mesmo mover-se em círculos, a mesma impossibilidade de evasão, o mesmo espaço doméstico, onde a personagem central desloca-se da dona-de-casa para o que seria "o almoço de domingo" e cujas características adquiridas no tecer ficcional provocam a identificação de uma e outra, submetidas à mesma opressão, pois em nenhuma delas "nunca se adivinharia um anseio".

---

(61) Em *A Paixão Segundo GH,* depara-se com o mais longo momento/monólogo no plano daimpotência da personagem diante do objeto do despertar e, segundo Solange Ribeiro de Oliveira em *A Barata e a Crisálida*: "*A Paixão Segundo GH* encerra-se no monólogo da narradora e personagem central GH. Personagem ambígua, vive a Via Sacra tanto quanto uma 'vida de homens' e de irresponsabilidade artística. A pontuação inicial e final, a repetição da última frase de cada capítulo na primeira do seguinte, indicam que se trata de um texto circular, sem princípio nem fim, de uma estrutura dinâmica, onde as três dimensões do espaço textual – o sujeito daescritura, o destinatário e o contexto do romance – se digladiam num diálogo de conclusão impossível." (p. 7)

Em "Mistério em São Cristóvão", a aventura se inicia em uma casa "iluminada e tranqüila", onde, após o jantar, a família vigiava a "abundância" dessa perigosa noite de maio de "sereno perfumado" pelos jacintos do jardim. Fechadas todas as portas e janelas, garantida a segurança (e a moral?) da família, contra os riscos da noite, a cena se desdobra no jardim com a presença imóvel e atônita dos três mascarados e a mocinha, cuja aproximação "parecia ter percutido ocos recintos", liberado um novo despertar, criando uma outra realidade que os colocava no plano das possibilidades e eles se espiavam perplexos, aterrorizados, pois fora "saltada a natureza das coisas" e agora, de "asas abertas", haviam "desatado a maravilha do jardim". Com o surgimento da "lua de maio" a magia se desfez e a constelação se rompeu. Os mascarados fugiram e a mocinha com um grito se pôs a correr "arrepiada e engrandecida".

A casa novamente se iluminou e a família tensa e sem saber ao certo o que ocorrera examinava a casa e inspecionava o jardim, certa porém de que "alguma coisa sucedera" naquela noite de maio.

A narrativa perfaz em seu percurso o mesmo caminho das anteriores e se fecha em círculo como a vida vigiada da personagem que, passado o instante de transbordamento de sensações, da transgressão do interdito, volta à vida organizada como antes sob "muitos cuidados" e "algumas mentiras".

Em "A Quinta História", o projeto textual inaugura um novo "design". Um conto ou uma macrocélula que retém outros quatro e aponta não só para um quinto conto ou uma microcélula, mas aparentemente para o infinito, sendo cada um deles um elemento multiplicador que contém em si a imagem do primeiro, espelhando-o na expressão inicial: "começa assim: queixei-me de baratas", e nesse círculo se fecha.

Um olhar voltado para a estruturação dos textos clariceanos e um acompanhar da trajetória introspectiva de seus personagens possibilitam um "descortinar" para o leitor que, assim, pode se debruçar sobre essa abertura, o que lhe permite contemplar a turbulência viva e sonora que em movimentos rítmicos intervalares agita as paredes de sua obra – uma cidade sitiada – mas que, passados os abalos sísmicos, retorna à postura inicial de sobrevida abafada e entorpecida, escravizada que está pelos padrões moralizantes, os quais oferecem a segurança do já vivido e que se repete infinitamente, sem os riscos, porém, das situações inusitadas diante do experimental e do novo – manifestações vibrantes de vida pletora, inerentes ao ser humano cujo viver só se concretiza no espaço da liberdade.

V - TECENDO A PARÓDIA

1. Alguns Conceitos

Segundo Haroldo de Campos, a paródia pode ser um instrumento de grande valia para a compreensão de textos literários da modernidade que se apresentam irredutíveis a uma classificação quanto ao gênero. É o caso das obras (para citar algumas) de James Joyce, Jorge Luis Borges, Oswald de Andrade e também Clarice Lispector: "Gênero não me pega mais." (AV, p.12). Estes são escritores que, pelo seu envolvimento neuronal com a linguagem, distanciaram-se de problemáticas como estilo, sintaxe, idéia tradicional de "mimesis", concretizando en suas obras a "percepção fragmentária do universo como texto, organizando-se na consciência de sua própria dispersão".[62] Assim, a obra literária ressurge com uma outra configuração através da qual torna-se apta a refletir e questionar outros textos, num processo mais criativo e menos estereotipado, numa concepção moderna em que os comportamentos cristalizados são esquecidos, cedendo lugar a uma obra de desvelamento até, em que o próprio fazer literário é tematizável, é dissecado sob o olhar do leitor (como já demonstrado no capítulo referente às personagens), resultando em um objeto de discussão e transpondo, para um tempo passado, a "inspiração" e a "aura" do sujeito e do objeto desse fazer, que já não é mais mítico.

---

(62) DIAS, Ângela e LYRA, Pedro. "Paródia: Introdução". *Tempo Brasileiro*, p. 4.

Nesse novo modo de produção literária, que melhor se coaduna com a sociedade contemporânea, o texto literário, rompendo os limites de seu espaço predeterminado, dialoga com outros textos na dimensão interna de sua própria obra – a intratextualidade –, ou externa a ela – a intertextualidade, num processo metalingüístico que o valoriza pela sua hibridização e dessacralização, cujo resgate dá origem à operação tradutória ou recriação estética.

Essa recriação pressupõe um leitor, co-autor da obra, num mecanismo de mão-dupla, fundamentando-se a sua co-participação na leitura das entrelinhas para captar a ironia ou a carnavalização mesma que presentifica a escritura, ou seja, a paródia que subjaz ao texto: "Então escrever é o modo de quem tem a palavra como isca: a palavra pescando o que não é palavra. Quando essa nãopalavra – a entrelinha – morde a isca, alguma coisa se escreveu. Uma vez que se pescou a entrelinha, poder-se-ia com alívio jogar a palavra fora." (AV, p. 23).

Primeiro Tynianov, depois Bakhtin, foram os precursores no campo da pesquisa do texto literário em relação à paródia. Mais conhecidas são as teorias de Bakhtin, e seu trabalho sobre Rabelais e Dostoiévski, e mais polêmicas também.

Essas teorias nos chegaram sempre através de traduções, em geral do italiano, francês, inglês e alemão (pouquíssimos tiveram acesso ao original), o que problematizou ainda mais a sua complexidade e a sua ambigüidade. Júlia Kristeva salientou a dificuldade em se discutir criticamente as suas teorias, a começar pelo seu vocabulário muito singular e até sugere que se traduza a expressão usada em seus textos "slovo", que em russo equivale à "palavra", por "discurso"; "dialogismo" e " polifonia", por "intertextualidade". Essa barreira vocabular diante da obra bakhtiniana, porém, não impediu que seus conceitos fossem amplamente difundidos e aplicados quando da análise de uma obra narrativa latino-americana. Vejamos o que diz Emir Rodrigues Monegal sobre Bakhtin:

O que faz com que as teorias de Bakhtin (apesar de suas contradições e ambigüidades) sejam tão relevantes para uma crítica da literatura latino-americana é que elas foram concebidas em um momento em que a cultura soviética era ainda 'marginal' com respeito à chamada cultura 'ocidental'. Chamando a atenção sobre um gênero secundário, quando não depreciado, como o é a paródia, e mostrando que o romance não deriva realmente da épica mas da sátira menipéia, o que significa dizer que, invertendo o cânone aristotélico que nem sequer o marxista Lukács se havia atrevido a alterar realmente, Bakhtin ajudou a questionar o logocentrismo europeu, ou ocidental. Sua revalorização da sátira menipéia, do diálogo socrático, da paródia e do Carnaval, não só oferecia uma leitura diferente e polêmica dos gêneros que haveriam de gerar o romance moderno. Também invertiam o sentido de orientação do pensamento marxista do seu tempo. O que havia sido até então considerado central (a tradição do romance realista burguês estudado sobretudo por Lukács) acaba sendo apenas uma fase de um desenvolvimento muito mais amplo e complexo de um gênero diferente. Por outro lado, o que havia sido considerado marginal, errático e até estranho (os romances paródicos de Sterne, herdeiro direto de Cervantes, ou os folhetins hiperbólicos de Dostoiévski) era convertido por Bakhtin num paradigma de uma nova forma de romance: dialogístico em vez de monológico, polifônico e plural.[63]

Observa também Monegal: "Na América Latina, Bakhtin foi usado até agora para explorar novas possibilidades de compreensão

---

(63) MONEGAL, Emir Rodrigues. "Carnaval, Antropofagia, Paródia". *Tempo Brasileiro*, pp. 10-11.

de períodos 'difíceis' de nossa literatura, como o Barroco colonial, ou para analisar novas formas de narrativa que surgem sob o rótulo de Neobarroco."[64]

Severo Sarduy, no ensaio "Barroco e Neobarroco"[65] trabalha os conceitos de Bakhtin e demonstra a aplicabilidade dessas teorias, assim como das de Kristeva, quando de uma análise sobre uma narrativa literária latino-americana, sob a ótica da carnavalização, do dialogismo e da intertextualidade.

Na década de 20, parece ter havido uma percepção de que no espaço da paródia se encontrava o ambiente adequado a uma dessacralização dos modelos europeus de literatura (prática já iniciada por Gregório de Matos), de um rompimento com os padrões estabelecidos de se representar o mundo, dando origem às obras antropofágicas de Oswald de Andrade, Mário de Andrade, desintegrando assim o espaço das convenções onde a literatura até então revelara-se mais ou menos bem comportada, quase sempre a favor do consentido e da mesmice.

A hibridização de raças e costumes em um espaço geográfico que em nada se identificava com os padrões europeus, propiciava e exigia um modelo próprio de expressão, dissociado do imposto pela cultura oficial, e a obra de Oswald e Mário de Andrade, entre outros, veio introduzir, através da carnavalização dos modelos existentes, a recriação inovadora da realidade local.

O conceito de paródia, entre nós, foi desenvolvido na década de 50 por Haroldo de Campos, desconhecendo, à época, a obra de Bakhtin e enriquecendo-o posteriormente, na década de 60, graças ao contato com o trabalho do formalista russo, indicando na Introdução da reedição de *Serafim Ponte Grande*, de Oswald de Andrade, uma releitura do romance sob a ótica da carnavalização bakhtiniana.

---

(64) MONEGAL, Emir R. Opus cit., p. 9.
(65) SARDUY, Severo. "Barroco e Neobarroco". In: *América Latina em sua Literatura*. Comp. César Fernandez Moreno.

Em uma leitura crítica de *Macunaíma*, de Mário de Andrade, Haroldo de Campos vê, como possibilidade de uma apreensão completa da obra, a aplicação do conceito de paródia. E Monegal afirma que, segundo essa análise crítica e poética de Haroldo, a obra "mostra suas raízes ao mesmo tempo na 'nova' tradição da vanguarda (futurismo, cubismo, dadaísmo) assim como na brutal assimilação da cultura ocidental que ocorreu quando os primeiros portugueses desembarcaram no *Novo Mundo*. A antropofagia foi a resposta carnavalizada a essa consciência poética que os modernistas brasileiros deram ao falso problema do colonialismo cultural. Ao sublinhar, comicamente, que todo processo de assimilação é canibalístico, os antropófagos não só dessacralizaram os modelos mas também dessacralizaram a própria atividade poética".[66]

A paródia, portanto, é o riso que subjaz no texto, é a base que enforma/informa a mensagem.

Olga de Sá, em sua tese de doutoramento, orientada por Haroldo de Campos, *Clarice Lispector: A Travessia do Oposto*, nos dá a definição de paródia, segundo a etimologia: pará (do grego) = junto, ao lado de; odé = ode, canto e, portanto, segundo Haroldo de Campos, canto paralelo, diálogo de vozes textuais.

Segundo essa definição "canto paralelo" ou "diálogo de vozes textuais" podem ser lidas como paródia não apenas a sátira, a carnavalização, mas também a escritura que implique derrisão, coexistência de marcas de imitação e/ou desrespeito, desvio em relação ao modelo, é o que afirma Olga de Sá. Segundo ela, ainda, a paródia é um trabalho de significação verbal, icônica, sonora, gestual. A paródia é duplicação. É espelhamento. Ela cria uma dissonância entre expressão e conteúdo e rompe a adequação que se espera entre a forma e os temas.

Essa ruptura com o texto "de véspera" e sua recriação exigem uma nova postura do leitor diante dos temas parodiados, obriga a

---

(66) MONEGAL, Emir R. Opus cit., pp. 9-10.

um reexame das teorias e métodos de análise, assim como um outro olhar mais crítico, mais atento, mais aguçado, que penetre fundo na tessitura sígnica e daí resgate um texto primeiro e o coloque em diálogo com este segundo, recriação lúdica, portadora de nova significação.

Bella Josef vê por um prisma similar a questão paródica:

A literatura contemporânea, com sua palavra polissêmica e seu caráter disseminado, leva-nos ao reexame das teorias e métodos de análise. Por sua própria condição de contestadora da cultura, a arte contemporânea tem elaborado novos modelos de criatividade, alterando os esquemas tradicionais e implicando numa necessidade intrínseca de experimentação. A especificidade do signo verbal pressupõe a autonomia do fenômeno literário, não em função de uma 'literariedade' mal compreendida mas conservando o princípio interdisciplinar da investigação literária. A prática da escritura não está no mesmo nível de outras práticas nem é prática social específica: sua matéria-prima é a linguagem. O texto literário insere-se na história e na sociedade como textos que o escritor lê e nas quais se insere ao reescre-vê-las.[67]

Bella Josef ressalta a autonomia da obra literária, mas vê também a possibilidade dessa mesma obra ser a leitura de uma outra, de um outro texto e, mais adiante, afirma: "A paródia se constrói como desmitificadora do discurso realista que criou a ilusão de referencialidade, a suposta ligação da narrativa com a realidade."[68]

---

(67) JOSEF, Bella. "O Espaço da Paródia, o Problema da Intertextualidade e a Carnavalização". *Tempo Brasileiro*, pp. 53-54.
(68) JOSEF, Bella. Opus cit., p. 54.

106

Já se disse que reconhecer um texto como paródico é reconhecer em filigrana um outro texto. É sentir a atração e a repulsão entre eles, pois há sempre um processo de aproximação e afastamento do modelo. É uma prática que embora tenha como "matéria- prima a linguagem", é um procedimento estético que aponta para o social, por se traduzir numa crítica ao sistema e à ideologia dominante. Utilizando-se da máscara, procura a paródia confundir-se com o real na busca de pervertê-lo, de desmascará-lo. É, portanto, uma linguagem que se constrói no plano da superposição, realizando uma leitura pelo avesso do texto parodiado. A paródia, então, se afasta do referente em oposição ao texto primeiro, e volta-se para o código, ou seja, para a mensagem, implantando um espaço singular nos limites da dimensão poética:

> *Num vasto espaço lúdico confrontam-se elementos aparentemente heterogêneos, fragmentos de vários discursos. Ao se encontrarem num mesmo espaço significante, tomam sua significação (um jogo de falso e verdadeiro que leva à máscara). Na transgressão do código preestabelecido, que reflete o código social, há o desdobramento de signos: ambivalência reafirmada pela máscara.*[69]

Esse jogo textual pode ser definido com uma expressão bastante conhecida: é um significante à espera de um significado, e este é encontrado pelo leitor que vê, ouve e degusta o texto com "sabor" na busca de um "saber"[70] com o objetivo de atingir seu "sentido", isto é, "o sentido" na visão barthesiana: "todo traço da narrativa que reenvia a outro momento da narrativa ou a outro lugar da cultura, necessário para ler a narrativa-conotação".[71]

---

(69) JOSEF, Bella.Opus cit., p. 54.
(70) A expressão na verdade é "saber com sabor", em Roland Barthes: *O Prazer do Texto.*
(71) BARTHES, Roland. Citação de Bella Josef em Opus cit., p. 55.

Por ser a paródia um procedimento literário, cuja linguagem aponta para um texto anterior, como já mencionado, e por isso exige um leitor especial: conhecedor do contexto que será por ele resgatado, através de uma leitura percuciente, afirma-se como uma leitura/escritura desse texto onde se concretiza um deslocamento espacial do centro para a periferia, penetrando num espaço outro da arte, um espaço onde se aloja um gênero ambíguo "que se caracteriza pela radical oposição ao sério, ao oficial, ao moroso, ao monológico, ao dogmático... A paródia possui um caráter positivo, pois mata para fazer brotar novamente a criação. Recusa e esvazia o modelo original para criar e preencher um modelo que lhe é próprio".[72]

Maria Lúcia P. de Aragão vê a paródia como um jogo de espelhos, uma visão especular em que a imagem original se apresenta invertida, deformada, causando às vezes perplexidade no leitor. Compara-a a uma imagem projetada num espelho de diversas faces em que todas as imagens refletidas são verdadeiras, nenhuma é a original, e cada uma focaliza o modelo por um determinado ângulo.

Olga de Sá, na tese já mencionada, sintetiza o trajeto diacrônico da paródia na cultura ocidental, baseando-se num trabalho de Cláudio Abastado em "Cahiers du 20ᵉ Siècle", de 1976, o qual revela ser a paródia uma forma inofensiva de riso, isto é, um duplo grotesco das obras mais nobres. No século XVIII, classificada como plágio e pasticho, é considerada ocupação de espíritos menores que, na sua incapacidade de criação, denegriam obras de arte. Porém, as mudanças ideológicas ocorridas no século que se seguiu operaram de forma a afastar do campo literário a extrema valorização do gênio e da inspiração, substituindo-os pelo trabalho consciente do artista, um trabalho apoiado na técnica e na sensi-

---

(72) ARAGÃO, Maria Lúcia P. de. "A Paródia em A Força do Destino". *Tempo Brasileiro*, p. 20.

bilidade, de cuja soma resulta a obra estética. A paródia, então, é vista agora por um novo enfoque, não mais "gênero menor", mas objeto de atenção e estudo de grande alcance político e valioso poder de subversão.

Muitas são as definições para o termo paródia porque inúmeros são os que para ela se voltam hoje, talvez por caracterizar, em ausência, a escritura moderna "em que fragmentos coagulados de discursos e de 'topoi', perseguidos em filigrana, organizam a obra como um espaço de tensões, nela se refratam e se deformam, abrem-na para a totalidade cultural e fazem-na finalmente impor-se e expandir-se".[73]

É um processo metalingüístico que não se coloca a serviço do poder; ao contrário, opõe-se a ele através de uma transgressão de suas leis, utilizando-se do texto de outrem para, nesse espaço, combater a aceitação passiva de normas e padrões obsoletos substituindo-os pelo novo, pelo irreverente (ainda que sutil), mas sempre numa atitude de denúncia e desgaste do existente.

---

(73) SÁ, Olga de. *Clarice Lispector: A Travessia do Oposto* (tese de doutoramento), 1983/1984, p. 3.

2. O Traço Paródico na Escritura de Clarice

Se a língua é fascista porque obriga a falar, como afirma Roland Barthes[74], embora dentro de padrões coercitivos ao falante, e o escritor tem por função a ética e a estética, segundo Sônia Régis[75], Clarice Lispector é uma mediadora entre o leitor e a linguagem, tomando para si o encargo de perscrutar a alma humana, esmiuçando o inconsciente, revolvendo pulsões e anseios enclausurados, para trazer à superfície todo esse emaranhado de sentimentos complexos e reprimidos, utilizando-se, porém, de uma escritura aparentemente "opaca", do engendramento literário.

Imergindo na obra de Clarice, percebe-se que é na materialidade do signo que se operam as transformações lingüísticas necessárias à sua criação literária, onde talvez melhor se possa observar a operacionalidade do interpretante dinâmico do signo (segundo uma terminologia de Peirce para indicar um signo que aponta para outro signo e assim infinitamente), ao mesmo tempo em que este se multiplica e dribla o poder e seus mecanismos de limitação e repressão, apontando até para o social através de pulsões que permeiam a vida de seus personagens, ainda que por via indireta e num processo "underground".

---

(74) BARTHES, Roland. *Aula*, p. 14.
(75) RÉGIS, Sônia. "O Escritor Cala e Consente". O Estado de São Paulo, *Cultura*, 04/07/1987.

É a própria Clarice Lispector quem chama a atenção do leitor para o despir-se de hábitos convencionais de leitura a fim de captar em sua obra uma semiótica de mundo: "Não se compreende música: ouve-se. Ouve-me então com teu corpo inteiro." (AV, p.9) e ainda: "Ouve-me, ouve meu silêncio. O que falo nunca é o que falo e sim outra coisa... Lê a energia que está no meu silêncio." (AV, p.33).

Para traduzi-la, há que se ir além da superfície, do projeto diagramático, aprofundar-se muito até resgatar a sua intencionalidade, pois o inverso seria, em alguns casos, reduzir sua escritura a uma simples narrativa referencial, o que representa negar o valor de sua obra e esquecer todo o trajeto percorrido na busca do vocábulo preciso para a montagem icônica do mundo a ser revelado.[76] É o ir-e-vir, o fluir e o refluir, é o distender-se indefinidamente, que tenta apreender o instante e alongá-lo; é o repensar o ato de viver: "O instante já é feito de fragmentos." (USV, p.19); "E neste instante-já vejo estátuas brancas espraiadas na perspectiva das distâncias longas ao longe." (AV, p.89). Há um alongamento no dizer que dilata e amplia a imagem a ser resgatada. É o tocar a materialidade do signo com gestos suaves e movimentos precisos para dele extrair os elementos necessários à concretude de sua linguagem.

Olga de Sá ressalta[77] que Clarice problematizou tão radicalmente a linguagem com relação ao ser, e o escrever com relação ao viver, que provocou um interdito diante da tentativa de uma análise crítica de seu trabalho.

Na constante indagação que percorre sua obra – ser/linguagem; existir/escrever; sentir/pensar – Olga de Sá[78] visualiza dois

---

(76) Essa tentativa é uma constante, embora, é preciso lembrar, como texto em prosa, quase sempre se revele um objetivo que se situa no plano do desejo e só em alguns momentos, de maior poeticidade, é atingido plenamente.

(77) SÁ, Olga de. *Clarice Lispector: A Travessia do Oposto*, p. 2

(78) SÁ, Olga de. Opus cit., p. 10

pólos responsáveis pelas metáforas, imagens, recursos sintáticos, sinestesias, paronomásias, oxímoros e repetições. São eles: o pólo epifânico que num dado momento, com sua explosão de beleza, convida a personagem a rever a própria existência, o que parece ser o "leitmotiv" de sua obra e que está muito presente em *Perto do Coração Selvagem*; e o pólo paródico, que denuncia o ser pelo desgaste do signo, descrevendo o que foi escrito, num perpétuo diálogo com seus próprios textos e com outros textos do universo literário, na tentativa de captar obliquamente o cotidiano para expor a sua máscara.

Com essa postura, Clarice alerta para o fato de que agimos todos como autômatos, repetindo à exaustão os papéis predeterminados, seres sem mobilidade, semi-sepultos que estamos.

Voltando à leitura de Olga de Sá, esta observa que o avesso da linguagem de Clarice tem início nos próprios títulos de algumas obras, que já contêm uma contradição interna, ou "contra-canto", que pode frustrar o leitor quando se depara com obras cujos títulos despertam sentimentos eróticos, como *A Paixão Segundo GH,* que substitui as cenas de amor/paixão, idealizadas pelo leitor, por momentos nauseantes diante do ato compulsório de ingerir a matéria branca e viva da ancestral barata; *Uma Aprendizagem ou O Livro dos Prazeres,* que lembra um Manual de Iniciação Amorosa mas, na verdade, é uma crítica à linguagem romântica e quase um ensaio filosófico sobre o prazer, mas o prazer do autoconhecimento. Utilizando-se de mecanismos metalingüísticos, Clarice trabalha num primeiro momento sobre um código conhecido pelo leitor (paixão-prazer) para depois revelar-lhe a outra face semântica do vocábulo. A "paixão" de GH liga-se ao sofrimento de sua via crucis, de sua trajetória até a ingestão do "ser imundo" para chegar à purificação. O prazer do *Livro dos Prazeres* está condicionado à aquisição de conhecimentos e lenta evolução do ser em relação à capacidade de amar. É um percurso atravessado por uma linguagem mutacional que salta das frases feitas ao discurso didático e se mascara em romântico.

A crítica de Clarice, a sua paródia, é muitas vezes sutil, é "delicada", para usar um termo muito explorado em sua escritura, e exige atenção.

> – *Usaria brincos?* *hesitou, pois queria orelhas apenas delicadas e simples, alguma coisa modestamente nua, hesitou mais: riqueza ainda maior seria a de esconder com os cabelos as orelhas de corça e torná-las secretas, mas não resistiu: descobriu-as, esticando os cabelos para trás das orelhas incongruentes e pálidas: rainha egípcia? não, toda ornada como as mulheres bíblicas, e havia também algo algo em seus olhos pintados que dizia com melancolia: decifra-me, meu amor, ou serei obrigada a devorar.* (LP, p.16)

A provocação de Lóri se faz para Ulisses, o "sábio", o que a ela ministra os ensinamentos: o sábio diante da esfinge. Um resgate mitológico do desafio, uma volta à antiga questão: quem sabe mais, o homem ou a mulher? Uma retomada dos eternos e indecifráveis mistérios femininos. A força misteriosa que possibilita ao ser subordinado dominar seu opressor.

No conto "O Ovo e a Galinha", Clarice trabalha numa linha paródica a partir da própria temática. Mas no fluir da escritura poética deste conto, considerado por Haroldo de Campos como "talvez o texto mais intrigante de toda a produção clariceana"[79], encontramos resgates metalingüísticos como: "Será que sei do ovo? É quase certo que sei. Assim: existo, logo sei.", recuperando em espelho a máxima cartesiana, ou "O ovo é a alma da galinha." (FC, p.49), que aponta talvez para um provérbio popular: a propaganda é a alma do negócio.

---

(79) CAMPOS, Haroldo. In: Prefácio de *A Escritura de Clarice Lispector,* de Olga de Sá, p. 15.

Em *Um Sopro de Vida* vamos encontrar: "Tenho vontade de ser corriqueira e um pouco vulgar e dizer: a esperança é a última que morre." (USV, p.55).

Através da personagem Ângela Pralini, Clarice questiona a linguagem de empréstimo repetitiva e ritmada através dos séculos, e a passividade dos que esperam no espaço da circularidade e da mesmice. Interfere, também, com agressividade irônica nesse contexto: "Maria Antonieta coroada e linda, meses antes de ter a cabeça decepada e rolada no chão da rua, disse alto e cantante: Se o povo não tem pão, por que não come bolo? E a resposta foi: allons enfants de la patrie, le jour de gloire est arrivé. O povo devorou o que pôde e comeu jóias e comeu lixo e gargalhou." (USV, p. 134).

Há também um desvirtuamento do código em toda a sua amplitude ao afirmar: "A vida é tal modo crua e nua que mais vale um cachorro vivo que um homem morto." (USV, p. 163), recuperando pelo avesso a expressão popular.

A paródia em *Um Sopro de Vida* é trabalhada ainda no aspecto formal, ou seja, a estrutura organiza-se em forma de espelhamento. O próprio texto configura-se num duplo, sendo o livro redigido "a quatro mãos": autor e personagem, mediados por um narrador, a princípio narrador/autor que, em certo momento (a partir da página 37), afasta-se do espaço narrativo, cedendo lugar ao diálogo entre autor/personagem para a ele retornar agora como narrador apenas, quase que imperceptivelmente, em apenas dois instantes rápidos: "(Autor narrando os fatos da vida de Ângela)", no início da fala do Autor (p. 45); na última fala de ÂNGELA, também entre parêntesis, "(Quando o olhar dele vai se distanciando de Ângela e ela fica pequena e desaparece, então o Autor diz:)" (p. 179), retomando então a posição inicial, isto é, de narrador/autor para encenar a narrativa.

Nessa disposição ímpar dos elementos narrativos, Clarice privilegia o processo metalingüístico do diálogo em espelho.

Ângela, a criação sígnica do Autor, reafirma a definição de Volochinov a respeito do signo como uma espécie (em maior ou menor medida) de imagem especular, o que leva Santaella a concluir que o caráter do signo é, portanto, o caráter de um duplo; assim: "Sem deixar de ser ele mesmo, ele simultaneamente representa, substitui, aponta para, ocupa o lugar de um outro que está fora dele."[80]

E Clarice, pela voz do "Autor", em uma das falas do diálogo, afirma:

> *No sonho do real parece que não sou eu que estou vivendo e sim outra pessoa... A vida real é apenas simbólica: ela se refere a alguma coisa.* (USV, p. 90)

Seguindo as pegadas de Santaella, ainda: "Pensar o eu é inevitavelmente apreendê-lo como um outro do eu. Este outro funciona como uma espécie de signo, isto é, como uma representação do eu para si mesmo."[81] Mas lembra também que entre eles existe a fenda que mantém a diferença entre o próprio eu e a sua representação. A imagem que substitui o eu é, portanto, um duplo, uma representação; nunca, porém, o próprio eu. E é esse duplo que presentifica, em *Um Sopro de Vida*, uma narrativa que se desconstrói à medida que vai sendo elaborada porque se mostra como laboratório textual. É um questionamento sobre a criação literária, e um ato de desnudamento e desmitificação do papel do escritor. Um demolir de "catedrais" e um fazer sobre as ruínas. Uma postura "à gauche".

Vejamos algumas tomadas desse espelhamento que se faz tanto no plano formal quanto de conteúdo, processo também recorrente na obra de Clarice:

---

(80) SANTAELLA, Lúcia. "O Signo à Luz do Espelho". *Folhetim,* 16/09/84.
(81) SANTAELLA, Lúcia. Idem.

AUTOR – Ângela é muito parecida com o meu contrário...
ÂNGELA – ...Minha vida é um reflexo deformado... (USV,
pp. 48-49)
AUTOR – Ângela, você é uma espantada num mundo sempre novo...
ÂNGELA – Eu sou um ser privilegiado porque sou a única no mundo. Eu enovelada de eu. (USV, p. 53)
AUTOR – Eu e Ângela somos o meu diálogo interior – eu converso comigo mesmo. Estou cansado de pensar as mesmas coisas. (USV, p. 65)

A paródia está presente também nas crônicas de Clarice, como em "A Favor do Medo", por exemplo, perpassando toda a crônica:

Estava eu, como diria Sérgio Porto, posta em sossego e comendo umas goiabinhas. Eis senão quando diz o Homem: 'Vamos dar um passeio?'... 'Vamos dar um passeito?' (DM, p. 42)

A ironia de Clarice é evidente neste fragmento. Ao lado de uma expressão erudita, já parodiada por Sérgio Porto, é colocada uma expressão do cotidiano, seguida da clássica "Eis senão quando", para iniciar uma polêmica sobre a palavra *passeito* que possibilita discutir a situação da mulher na sociedade, num movimento pendular da caverna/atualidade e desta de volta à idade da pedra, similar à linguagem utilizada: erudita/coloquial/erudita...

Ainda na mesma crônica, há uma recuperação seqüencial de crendices populares que comprovam, de maneira irônica, a cautela a ser tomada diante de convites expressos por palavras como *passeito*, cujo perigo se instala exatamente em sua forma diminutiva. É preciso, portanto, estar-se atento às experiências adquiridas e proteger-se através do sexto sentido. É o que o narrador propõe por meio de resgates fragmentários que compõem a imagem crítica do contexto:

"É, mas ter um coração de esguelha é que está certo: é faro, direção de ventos, sabedoria... Pois bem, se sabe que vai chover muito quando os mosquitos anunciam, e cortar minha cabeleira em lua nova dá-lhe de novo as forças, dizer um nome que não ouso traz atraso e muita desgraça, amarrar o diabo com linha vermelha no pé do móvel tem pelo menos amarrado os meus demônios." (DM, p.45) "Amarrar os demônios", principalmente, traduz-se numa sábia precaução.

No conto "Feliz Aniversário", um dos mais conhecidos da autora, pode-se apreender (se feita uma leitura auscultiva) os mecanismos lingüísticos/paródicos subjacentes que percorrem toda a narrativa e que através do traço de ironia disseca o "corpus" familiar e deixa escorrer o líquido viscoso que rega essas relações tão "fortes", revelando o ato da encenação como elemento modelador da vida social e familiar.

Para a festa da velha que completava "oitenta e nove anos, sim senhor" e que reunia à sua frente a família, na casa de sua única filha, Zilda, esta, "para adiantar o expediente", logo após o almoço, vestira a velha, borrifara-lhe água de colônia para "disfarçar aquele cheiro de guardado" e sentara-a à cabeceira da "longa" mesa "vazia", na sala "silenciosa", que ali ficara "tesa", olhando "impotente o vôo da mosca em torno do bolo" desde as duas horas, ainda que a nora de Olaria, a primeira a chegar, só aparecesse às quatro da tarde. Seu marido não viera "por razões óbvias: não queria ver os irmãos", mas os da zona Sul e da zona Norte que ali se encontravam não falariam em negócios. "Hoje é dia da mãe" e nem falavam a mesma língua. Na hora de cortar o bolo "açucarado" para o qual, se lembrava Zilda, "ninguém havia contribuído com uma caixa de fósforos", uns cantavam em inglês e outros em português. Os poucos presentes que a mãe ganhara, Zilda guardara "amarga, irônica": nada, nada "que pudesse aproveitar para si mesma ou para seus filhos". Ela servia os convidados "como uma escrava, os pés exaustos e o coração revoltado". A pedido da neta, a aniversariante cortou o bolo: "E de súbito a velha pegou na faca. E sem hesitação, como se hesitando um momento ela toda caísse para a frente, deu a primeira talhada com punho de assassina... Dada a primeira talhada, como se a primeira pá de terra tivesse sido lançada, todos se aproximaram de prato na mão." E da mesa a "mãe de todos", que fora tão forte, olhava com desprezo a sua família, para aqueles "seres opacos, com braços moles e rostos ansiosos... Olhou-os com sua cólera de velha. Pareciam ratos se acotovelando, a sua família. Incoercível, virou a cabeça e com força insuspeita cuspiu no chão."

Aqui, Clarice, através da linguagem, frases recorrentes, vocábulos precisos e cortantes, perpassa as reuniões familiares, dessacralizando o amor materno e filial, "fotografando", para o leitor, a "união" da família.

Envergonhada com o comportamento da mãe, a filha grita: "Que é isso, mamãe... a senhora nunca fez isso!" E parodiando o texto bíblico, o narrador interfere: "Quando o galo cantar pela terceira vez, renegarás tua mãe."

Terminada a "festa", os convidados foram se retirando pelas escadas escuras do "prediozinho que seria fatalmente demolido mais dia menos dia, e na ação de despejo Zilda ia dar trabalho e querer empurrar a velha para as noras". Já na saída, "com alívio os convidados se encontraram na tranqüilidade fresca da rua". Agora, só no próximo ano seriam obrigados a se encontrar diante do "bolo aceso".

No conto "A Quinta História", a sobreposição, o "canto paralelo", dá início à narrativa e o primeiro parágrafo indicia o resgate das possibilidades várias de se apresentar um relato, parodiando já o ato de narrar no seu próprio fazer:

"Esta história poderia chamar-se 'As Estátuas'. Outro nome possível é 'O Assassinato'. E também 'Como Matar Baratas'. Farei então pelo menos três histórias, verdadeiras, porque nenhuma delas mente a outra. Embora uma única seriam mil e uma, se mil e uma noites me dessem." (LE, p.147).

Num desvelamento do próprio relato, o narrador aponta para Sherazade de *As Mil e Uma Noites*, problematizando também a questão falso/verdadeiro do procedimento narrativo. A frase recorrente – "começa assim: queixei-me de baratas", que introduz cada uma das partes em que o narrador afirma ter dividido as "histórias" – é o concretizar da linguagem na própria estrutura de seu contar: a "receita" para "matar baratas" e também para se construir uma narrativa. Como se articulam os elementos textuais para a composição literária e como se misturam os ingredientes necessários ao extermínio de baratas? A fórmula é única: "Começa assim: Queixei-me de baratas". O jogo lúdico/paródico tece o contar. "Que misturasse em partes iguais açúcar, farinha e gesso. A farinha e o açúcar as atrairiam, o gesso esturricaria o de dentro delas". (A dicotomia forma/conteúdo? O de dentro e o de fora?) E mais adiante: "Estremeci também ao aviso do gesso que seca: o vício de viver que rebentaria meu molde interno."

Aqui a denúncia: "vício de viver" = hábito internalizado, isento de raciocínio, de reflexão, que "rebentaria meu molde interno", ou seja, que estilhaçaria toda e qualquer pulsão, que imobilizaria as sensações e os desejos, transformando as baratas (ou as mulheres?) em "Estátuas" através do "Assassinato".

A narrativa que atua no plano da circularidade, porque é um constante recomeçar, tem por último parágrafo:

"A quinta história chama-se 'Leibnitz[82] e a Transcendência do Amor na Polinésia'. Começa assim: queixei-me de baratas".

---

(82) Gottfried Wilheim Leibnitz, filósofo e sábio alemão (1646-1716), nasceu em Leipzig e era dotado de extraordinária atividade. Descobriu, ao mesmo tempo que Newton, as bases do cálculo diferencial e construiu uma máquina multiplicadora.

3. A Teia / Os Gritos de Galo

Se o universo literário é feito de fragmentos, estes podem se ligar através de finos fios tecidos habilmente de forma a moldar o mundo a ser revelado. Essa costura textual que anula os espaços entre passado e futuro pela transformação do velho em novo ou do sério em riso, faz-se na busca de uma nova leitura do contexto para se chegar a um despertar consciente, como seres cognitivos, do processo de viver.

É um alerta e esse alerta está presente na obra de Clarice, percorrendo-a em toda a sua extensão. Em *O Lustre*, o seu segundo livro, encontra-se esse apontar já no início, em uma descrição (ou delação?) do ambiente rotineiro e doméstico em Granja Quieta, onde crescia Virgínia, sob a austeridade do pai e a submissão da mãe a ele que "aos poucos... ela soubera numa alegria remoída... que não vivia no seu próprio lar, mas no do marido, no da velha sogra" (LT, p.16).

Nesse ambiente, nessa "alegria remoída" onde "a vida do dia começa perplexa", Clarice prenuncia o que se constatará posteriormente: o complexo estrutural de sua obra, apontando para um projeto que se quer icônico, numa representação diagramática perfeita de seus propósitos: uma teia[83] onde gritos de galo se entrelaçam, ligando os sons de sua fala de uma a outra obra, anunciando um novo despertar.

De madrugada um galo cantava uma límpida cruz no espaço escuro – o risco úmido espalhava um cheiro frio pela distância, o som de um passarinho arranhava a superfície sem penetrá-la. Virgínia entreerguia os sentidos mornos, os olhos cerrados. Os gritos sanguinolentos e jovens dos galos repetiam-se dispersos pelos arredores de Brejo Alto. Uma crista vermelha sacudia-se em tremor, enquanto pernas delicadas e decididas avançavam lentos passos no chão pálido, o grito era lançado – e longe como o vôo de uma seta outro galo duro e vivo abria o bico feroz e respondia – enquanto os ouvidos ainda adormecidos esperavam em vaga atenção. A manhã extasiada e fraca ia-se propagando numa notícia. (LT, p.13)

---

(83) João Cabral de Melo Neto parece ter captado essa imagem que se encontra em um fragmento de *O Lustre* (e que reproduz a obra de Clarice pelo apontar em várias direções inter e intratextual), ao elaborar um de seus mais significativos e talvez o mais bem estruturado de seus poemas, "Tecendo a Manhã". Publicação da década de 60, na obra *Antologia Poética*. Vejamos JCMN:
"Um galo sozinho não tece uma manhã: / ele precisará sempre de outros galos. / De um que apanhe esse grito que ele / e o lance a outro; de um outro galo / que apanhe o grito que um galo antes / e o lance a outro; e de outros galos / que com muitos outros galos se cruzem / os fios de sol de seus gritos de galo, / para que a manhã, desde uma teia tênue, / se vá tecendo, entre todos os galos.
E se encorpando em tela, entre todos, / se erguendo tenda, / onde entrem todos, / se entretendendo para todos, no toldo, / (a manhã) que plana livre de armação. / A manhã, toldo de um tecido tão aéreo / que, tecido, se eleva por si: luz balão." *Antologia Poética*, p. 17.

Esse texto imagético e impregnado de função poética revela a teia de vozes polifônicas em que resultará a obra de Clarice – um entrecruzamento de fios/vozes que propaga as novas mensagens através das já anunciadas, questionando valores como aura, autenticidade, original e cópia, deixando em todos os seus textos o seu olhar de revés, cristalizado em um sorriso monalístico, perceptível apenas pelos menos apressados, por aqueles que se detêm ao observar sua obra com acuidade e atenção: "Um passarinho arranhava a superfície da penumbra sem penetrá-la." É um tímido tocar, um aproximar cuidadoso, procurando seguir "os lentos passos no chão pálido", suas "setas" e seus arabescos, indicando um partir em várias direções.

Como se dá essa travessia textual? Através do acompanhamento da intertextualidade – um dos caminhos. Ou da intratextualidade – um percurso singular.

A intertextualidade e a intratextualidade constituem-se em procedimentos paródicos porque ambas implicam resgate de textos outros; ambos exigem, portanto, um exercício de memória. Clarice revela: "Eu sou uma atriz para mim... Não caio na tolice de ser sincera." (USV, p.43) ou "Eu minto tanto que escrevo. Eu minto tanto que vivo" (USV, p.86). Essa afirmação revive em nossa mente a fala do poeta Fernando Pessoa em seu poema "Autopsicografia": "O poeta é um fingidor / Finge tão completamente / Que chega a fingir que é dor / A dor que deveras sente."

Detecta-se uma confluência de significados em que "mentir" está contido no "fingir" e vice-versa, e ambos questionam o papel do poeta/escritor que finge/mente através da palavra, poderoso elemento capaz de (des)velar o mundo.

O apontar continuamente para textos em "off" localiza em mar turbulento a obra de Camões, quando Clarice diz de sua própria obra: "Cada novo livro é uma viagem. Só que é uma viagem de olhos vendados em mares nunca dantes revelados." (USV, p.15).

E sua escrita se faz de avanços e recuos, pois avança para o modelo e dele se afasta para ir em outra direção, frustrando a expectativa do leitor pelo clichê que se dilui imediatamente após a sua aparição.

Em *Um Sopro de Vida*, o próprio título é uma paródia bíblica, paródia que pontua toda a narrativa, a partir do ato de criar (como um Deus) uma personagem (à sua imagem e semelhança?) e, ainda, recuperando frases, passagens, personagens ou mesmo nomes de personagens como o de Macabéa, de *A Hora da Estrela*. Profanação? Talvez. Mas com um objetivo: um evidente exercício de paródia.

"Que a paz esteja entre nós, entre vós e entre mim." (USV, p.21)

"Deus não é o princípio e não é o fim. É sempre o meio." (USV, p.141)

"Cada ser é um outro ser, indubitavelmente uno embora quebradiço, impressões digitais únicas ad secula seculorum." (USV, p.62)

"Quem tem piedade de nós? Somos uns abandonados?" (USV, p.112)

Em *Água Viva*, há inúmeros traços de irreverência especular diante do mesmo tema:

"Olha para mim e me ama. Não: tu olhas para ti e te amas. É o que está certo." (AV, p.115)

"Eu amo a minha cruz, a que doloridamente carrego. É o mínimo que posso fazer." (AV, p.45)

A intratextualidade é talvez a marca paródica mais representativa na obra de Clarice porque é um desdizer o seu próprio texto, é um trabalhar num tempo reverso na busca de uma correlação entre passado e presente, traduzidos em um único "instante-já". É uma reconfiguração de seus escritos por meio de uma "varredura" (usando uma expressão da informática) e junção de linhas e traçados dispersos, num movimento combinatório desses elementos em um novo sintagma.

É um espelhamento da própria obra. É o fim e a profanação da "aura"[84] do escritor e a substituição dos momentos de "inspiração" pela reprodução contínua das próprias expressões numa postura crítica e irônica da "originalidade" expressiva do autor. Olga de Sá já visualizara o procedimento da intratextualidade e, em sua obra *Clarice Lispector: A Travessia do Oposto*, expõe essa leitura. Ao analisar molecularmente o que chama de as "epifanias irônicas" ou "antiepifanias" que percorrem a narrativa de *A Cidade Sitiada*, um lugarejo de nome São Geraldo, espaço onde as personagens "têm traços parodiados de seus protótipos em outros livros de Clarice, ou caricaturas em relação ao que deles normalmente se espera"[85] e vê, em Lucrécia, a imagem revertida de Joana (PCS) e de Virgínia (LT).

Sua análise mostra ainda que esse texto é o avesso da epifania de *Perto do Coração Selvagem*. Enquanto neste os cavalos (imagem recorrente em sua obra: a moça e o cavalo) estão soltos, fogosos; naquele, estão presos às carroças. O que em Joana, na caracterização de sua feminilidade é graça, flexibilidade, harmonia, é revelação epifânica, em Lucrécia é deformação, caricatura, cacoete, é uma anti-epifania grotesca. A visualidade poética aqui se dilui para ceder lugar ao mau gosto. Senão, vejamos lado a lado trechos de ambos em que o segundo recupera parodicamente o primeiro.

Em *Perto do Coração Selvagem*, a linguagem poética da cena de "O Banho" (já apresentada no Capítulo IV) marca a passagem de Joana-Menina a Joana-Mulher com uma coreografia sígnica singular:

A moça ri mansamente de alegria de corpo. Suas pernas delgadas, lisas, os seios pequenos brotaram da água. Ela mal se

---

(84) A questão da "aura" é discutida de forma densa por Walter Benjamin em "A Obra de Arte na Era de sua Reprodutividade Técnica". In: *Magia e Técnica, Arte e Política. Obras Escolhidas*, vol. I.

(85) SÁ, Olga de. Opus cit., p.15.

conhece, nem cresceu de todo, apenas emergiu da infância. Estende uma perna, olha o pé de longe, move-o terna, lentamente como a uma asa frágil. Ergue os braços acima da cabeça, para o teto perdido na penumbra, os olhos fechados, sem nenhum sentimento, só movimento. O corpo se alonga, se espreguiça, refulge úmido na meia escuridão – é uma linha tensa e trêmula. Quando abandona os braços de novo se condensa, branca e segura. Ri baixinho, move o longo pescoço de um a outro lado, inclina a cabeça para trás – a relva é sempre fresca, alguém vai beijá-la, coelhos macios e pequenos se agasalham uns nos outros de olhos fechados. – Ri de novo, em leves murmúrios como os da água. Alisa a cintura, os quadris, sua vida. (PCS, pp.68-69)

O oposto desta epifania se encontra na descrição desarticulada e canhestra de Lucrécia, personagem de A Cidade Sitiada:

Eis o mistério de uma flor intocável: a veemência jubilante. Que rude arte. Ela se reduzira a um único pé e a uma única mão. A imobilidade final depois de um pulo. Parecia tão mal feita. Exprimindo pelo gesto da mão, sobre o único pé, entortados com graça em oferenda, o único rosto sacudindo-se em pantomima, eis, eis, toda ela, terrivelmente física, um dos objetos. Respondendo enfim à espera dos bichos. Assim permaneceu até que, se precisasse urgentemente chamar, não poderia; perderia enfim o dom da fala. A mão se contrapunha à cara como a outra face de seu rosto. 'Tem mãos demais', disse-se ainda e, aperfeiçoando-se, escondeu mais a outra atrás das costas. (CS, pp. 68-69)

É literalmente uma obra em reconstrução onde há um apossar-se de materiais já utilizados como personagens, fatos (ainda que ralos) e monólogos expressos que se constituem em elementos continuamente rearranjados em uma nova combinatória. A tenda/ manhã é tecida com "os gritos de galo" que se cruzam na expectativa de que "ouvidos ainda adormecidos" ouçam mesmo que com "vaga atenção" à "propagação da notícia".

Um Sopro de Vida[86] é bem um exemplo desse resgate de vozes, de fios que se formam a partir dos "gritos lançados" em obras anteriores.

A personagem Ângela Pralini que nasce, toma forma e aos poucos vai se revelando ao leitor como co-participante da narrativa de *Um Sopro de Vida* como um espelhamento do autor, neste contexto, na verdade, foi retirada de um conto de *Onde Estivestes de Noite* (publicado em 1974), "A Partida do Trem".

"A partida era na central com seu relógio enorme, o maior do mundo. Marcava seis horas da manhã: Ângela Pralini pagou o táxi e pegou sua pequena valise." (OEN, p.21)

O diálogo entre as obras aqui se dá no plano das personagens, não omitindo sequer o sobrenome: "Pralini". A segunda personagem é uma velhinha, Maria Rita Alvarenga Chagas Souza Melo (parodiando a alta burguesia através da multiplicidade de nomes de família), que, num processo de desmascaramento, Clarice insiste em apresentar como elemento excedente em uma família.

— Meu nome é Ângela Pralini. Vou passar seis meses na fazenda de meus tios. E a senhora?

— Ah, eu vou para a fazenda de meu filho, vou ficar lá para o resto da vida, minha filha me trouxe até o trem e

---

(86) *Um Sopro de Vida* foi escrito paralelamente a *A Hora da Estrela*, mas só publicado após a morte de Clarice. Foi seu último livro, cuja organização foi feita por Olga Borelli, que posteriormente publicou *Clarice Lispector: Esboço para um Possível Retrato*.

meu filho me espera com a charrete na estação. Sou como um embrulho que se entrega de mão em mão.

Esta personagem, Maria Rita, tanto poderia transitar no conto "A Partida do Trem", com todas as suas jóias, como poderia figurar em *Laços de Família* através da velha, a aniversariante D. Anita, de oitenta e nove anos, do conto "Feliz Aniversário", que colocada à mesa para a "festa" ali ficara como um objeto esquecido "para adiantar o expediente", à espera da família que só chegaria mais tarde e que, terminada a "reunião", retirava-se prometendo voltar no ano seguinte, mas preocupada com o "prediozinho que seria fatalmente demolido mais dia menos dia, e na ação de despejo Zilda ia dar trabalho para as noras" (LF, p.75).

Novamente o "embrulho" de "A Partida do Trem" que passa de mão em mão.

Essa sensação de descarte de um componente improdutivo na família repete-se no conto "O Grande Passeio", de *A Felicidade Clandestina*, onde Mocinha, a personagem, cujo nome "nome mesmo é Margarida", é deixada aqui e ali por ser sempre incômoda a sua presença (ou seria uma eterna ausência, pois não passava de uma sombra fantasmática):

> *Era uma velha sequinha que, doce e obstinada, não parecia compreender que estava só no mundo... Viera para o Rio não há muito, com uma senhora muito boa que pretendia interná-la num asilo, mas depois não pudera ser: a senhora viajara para Minas e dera algum dinheiro para Mocinha se arrumar no Rio... Sua vida corria sem atropelos, quando a família da casa de Botafogo um dia surpreendeu-se de tê-la em casa há tanto tempo, e achou que assim também era demais. (LF, pp.28-29)*

Resolveram, então, levá-la para Petrópolis. Após o comunicado da viagem e diante da perspectiva de novo futuro incerto, Mocinha ficou à mercê de negativas sensações corpóreas:

> À idéia de uma viagem, no corpo endurecido o coração se desenferrujava todo seco e descompassado, como se ela tivesse engolido uma pílula grande sem água. (FC, p.30)

Esse desconforto-desespero se avolumava na noite insone, cheia de fantasmas e culmina na descoberta de que a cama era dura, semantizando cama = vida:

> – Que cama dura, disse bem alto no meio da noite. (FC, p. 31)

De manhã, "foi preciso acordá-la" e quando a levaram para o carro, surpreenderam-se com seus passos rápidos, surgindo então o comentário:

> Tem mais saúde do que eu!? brincou o rapaz. A moça da casa acorreu: E eu que até tinha pena dela? (FC, p.31)

Mas o diálogo entre os contos não se restringe apenas a resgatar esse tipo de personagem (visando apontar o descaso para com o velho na sociedade?). Clarice opera ainda um deslocamento da cena final do conto "O Grande Passeio" para o desfecho de *Um Sopro de Vida*. Vejamos o primeiro:

> A Sede voltou-lhe queimando a garganta... Quando a estrada ficou de novo vazia, Mocinha adiantou-se como se saísse de um esconderijo e aproximou-se sorrateira do chafariz. Os fios de água escorreram geladíssimos por dentro das mangas... Saciada, espantada, continuou a passear com os olhos mais abertos... O céu estava

altíssimo, sem nenhuma nuvem... A estrada branca de sol se estendia sobre um abismo verde. Então, como estava cansada, a velha encostou a cabeça no tronco da árvore e morreu. (FC, pp.36-37)

Agora, o segundo:

Era um dia um homem que andou, andou e andou e parou e bebeu água gelada de uma fonte. Então sentou-se numa pedra e repousou seu cajado. Esse homem era eu. E Deus estava em paz. (USV, p.178)

A morte da personagem Mocinha é espelhada na morte do autor/narrador de *Um Sopro de Vida*, num recorte imagético que traduz num percurso linear os três momentos: a sede saciada pela água gelada; o repouso para o corpo cansado e, por fim, a morte silenciosa.

Situação similar é detectada se se cotejar o destino trágico das personagens centrais de duas obras: Virgínia, de *O Lustre* (de 1946) e Macabéa, de *A Hora da Estrela* (sua última publicação). Ambas são colhidas por um carro, ao atravessar a rua, e morrem no asfalto, cercadas pela curiosidade dos transeuntes.

Virgínia (*O Lustre*):

Num esforço em que o peito parecia suportar um viscoso peso, com um mal-estar inexcedível, atravessou pálida a rua e o carro dobrou a esquina, ela recuou um passo, o carro hesitou, ela avançou e o carro veio em luz, ela o percebeu com um choque de calor sobre o corpo e uma queda sem dor enquanto o coração olhava surpreso para nenhum lugar e um grito de homem vinha de alguma direção –... As pessoas então reuniram-se ao redor da mulher enquanto o carro fugia. (LT, pp.235-237)

Macabéa (*A Hora da Estrela*):

Atordoada com as revelações da cartomante, Macabéa pela primeira vez sentiu a miséria de sua vida e também o futuro brilhante que a esperava:

Macabéa ficou um pouco aturdida sem saber se atravessaria a rua pois sua vida já estava mudada. E mudada por palavras... Então ao dar o passo de descida da calçada para atravessar a rua, o Destino (explosão) sussurrou veloz e guloso: é agora, é já, chegou a minha vez! E enorme como um transatlântico o Mercedes amarelo pegou-a... Algumas pessoas brotaram no beco não se sabe de onde e haviam se agrupado em torno de Macabéa sem nada fazer assim como antes pessoas nada haviam feito por ela, só que agora pelo menos a espiavam, o que lhe dava uma existência. (HE, pp. 97-98)

Há um entrelaçamento de personagens e fatos de uma e outra obra que coloca o texto em "estado de perda", como diz Barthes do texto de fruição, porque é um texto que "desconforta (talvez até um certo enfado), faz vacilar as bases históricas, culturais, psicológicas, do leitor, a consistência de seus gostos, de seus valores e de suas lembranças, faz entrar em crise sua relação com a linguagem"[87] porque o leitor se "perde" na teia labiríntica do universo literário de Clarice, não se localiza ao reler frases antes pronunciadas em outros contextos e se questiona e questiona a obra numa postura participativa que esta exige. A treliça fônica liga os fios da teia: gritos sonoros estilhaçados e dispersos por sua obra em forma de fragmentos textuais especulares.

Água Viva:

Ouço o ribombo do tempo. É o mundo surdamente se formando. (AV, p.42)

---

(87) BARTHES, Roland. *O Prazer do Texto*, p. 22.

Um Sopro de Vida:

Eu tenho medo de quando a terra se formou. Que tremendo estrondo cósmico. (USV, p.33)

A identidade em forma de espelhamento concretiza-se em "caminhos que se bifurcam" (parafraseando Jorge Luis Borges) como "O Ovo e a Galinha", conto que publicado em 1971 é depois reapresentado como crônica no "Jornal do Brasil" [88] em 1979, com outro título, como tantos outros da autora. O conto/ crônica é, porém, reestruturado sofrendo algumas interferências da autora.

Alguns "flashes" apenas do início e do final:

"O Ovo e a Galinha" – conto:

– Início (p.48): "...ver um ovo nunca se mantém no presente: mal vejo um ovo e já se torna ter visto um ovo há três milênios... Só vê o ovo quem já o tiver visto. – Ao ver o ovo é tarde demais."

– Término (p.59): "Diante de minha adoração possessiva ele poderia retrair-se e nunca mais voltar. Mas se ele for esquecido. Se eu fizer o sacrifício de viver apenas a minha vida e de esquecê-lo. Se o ovo for impossível. Então – livre, delicado, sem mensagem alguma para mim – talvez uma vez ainda ele se locomova do espaço até esta janela que desde sempre deixei aberta. E de madrugada baixe no nosso edifício. Sereno até a cozinha. Iluminando-a de minha palidez."

"Atualidade do Ovo e da Galinha" – crônica (com as mutações sofridas para a publicação no "Jornal do Brasil"):

– Início (p.313): "...ver o ovo **é sempre hoje**: mal vejo o ovo e já se torna ter visto um ovo, **o mesmo** há três milênios...

---

[88] Essas publicações se deram em 5/12 e 19/07/1979 e, posteriormente, foram reunidas na obra póstuma *A Descoberta do Mundo*, com o título "Atualidade do Ovo e da Galinha" I, II e III.

Só vê o ovo quem já o tiver visto. **Como um homem que, para entender o presente, precisa ter tido um passado.** – Ao ver o ovo é imediatamente tarde demais."

– Término (p.324): "Diante de minha adoração possessiva ele poderia retrair-se e nunca mais voltar, **o que me mataria de dor.** Mas se ele for esquecido, se eu fizer o sacrifício de viver apenas a minha vida e de esquecê-lo. Se o ovo for impossível. Então – livre, delicado, sem mensagem alguma para mim – talvez uma vez ainda ele se locomova do espaço até esta janela que desde sempre deixei aberta. E **talvez** de madrugada baixe no nosso edifício **o ovo**. Sereno até a cozinha. Iluminando-a **com** minha palidez."

Nesse contínuo reconstruir, trabalhando sobre ruínas, como a própria Clarice afirma, chega ao seu último livro onde parece atar todas as pontas de seus diversos trabalhos e consegue reunir todos os gritos lançados, através de um procedimento narrativo usual à primeira vista, ou seja, por meio da criação de sua personagem Ângela Pralini que, ao mesmo tempo que espelha o autor/narrador de *Um Sopro de Vida,* é a "persona" de *Água Viva*. O narrar irreverente e dionisíaco de Ângela se dilui na própria narrativa, deixando, porém, como em um infinito espelho d'água, as marcas concêntricas, e instantâneas, de sua tumultuada passagem.

E, num processo de quase-identificação personagem/autor, Ângela Pralini atinge o clímax do espelhamento assumindo a autoria das obras clariceanas, buscando tocar a relação de quase-identidade que os une e procurando eliminar a fenda entre o signo e sua representação, ou seja, alcançar seu objetivo último: a fusão do eu e a alteridade, do ser e da linguagem ampliando ainda mais o estranhamento na mente do leitor:

"Ângela – No meu livro *A Cidade Sitiada* eu falo indiretamente no mistério da coisa... No **Ovo e a Galinha** falo no guindaste." (USV, p.115).

Concretiza-se assim a geometrização da teia, o entrecruzamento necessário ao diálogo que dilui as distâncias e a autoria, aproximando as imagens e a relação autor/leitor, enquanto faz renascer as idéias: Fênix desafiando a morte.[89]

---

(89) Fênix (do gr. Phoínix, pelo lat. phoenix). Ave fabulosa que, segundo a tradição egípcia, durava muitos séculos e, queimada, renascia das próprias cinzas.

VI - A TÍTULO DE CONCLUSÃO

Como não se pretende dar nós aos fios que teceram nosso trabalho, porque muito se há que fazer ainda, não poderia esta ser uma conclusão, apenas um retomar, um tentar reunir os pontos que, na busca de maior clareza, talvez tenham se dispersado no "corpus" da pesquisa.

É um reatar de fragmentos que procura uma significação, um refletir sobre essa busca e um ter a ver com nossos propósitos, mas que se quer distanciado, também, da dicotomia tradução/ traição, pois é nosso intento apenas ler os signos que aí se encontram e não recriá-los para fortalecer nossa tese.

Por isso, algumas questões se colocam.

Por que apenas algumas obras foram objeto da pesquisa por nós efetuada? Qual o critério da seleção ? E por que *A Hora da Estrela*, que melhor trabalha a questão social através da personagem Macabéa, que em si reúne todos os estigmas da fome, da miséria e da impotência à reação, com seu "corpo cariado" e que termina esmagada pelas rodas do Mercedes, aproximando pela morte – única aproximação possível – o rico alemão e a faminta nordestina, não se tornou objeto exclusivo ou, pelo menos, prioritário de nossa pesquisa?

Difícil é a resposta à primeira questão, porque difícil também se fez, no início, a escolha das obras. Se uma se apresentava a ideal, outra nos parecia superior àquela, e outra, então, se descobria imprescindível a nossos intentos. E com inserções aqui, substituições ali, o projeto foi-se moldando, pinçando textos vários que, apesar da diversidade de elementos, não se mostravam avessos à nossa leitura. Estes se avolumavam, e o possível foi ganhando amplidão. Novo recorte se fez necessário e reunindo-se os mosaicos, talvez por escolha consciente, talvez por acaso, o perfil se revelou.

Quanto à *A Hora da Estrela*, uma experiência textual corroída pela própria linguagem, acenou para nós, no início, como um fragmento ficcional luminoso porque passível de sinalizar com maior nitidez as marcas de inquietações sociais na obra de Clarice Lispector. Sua temática aí inegavelmente indicia o social. Contudo, nossa leitura buscava além dela e, à medida que imergíamos nos demais textos de sua escritura, outros índices se tornavam evidentes, ainda que afastados da superfície do tema, ainda que sutis, e nossa atenção aí se deteve, e nossa busca aí se fez, privilegiando a via indireta, seguindo as pegadas da própria Clarice, o que nos pareceu gratificante.

Esse afastar-se, quase sempre, dos caminhos costumeiros que levam à temática social, é em Clarice uma tentativa, pelo avesso, de aproximação, ou seja, uma opção pelo desvio que, embora menos seguro e confortável, oferece novo cenário e exige por isso atenção redobrada, pois esse caminhar dissimulado, do pessoal ao social, se faz, em sua obra, colado à linguagem e é preciso um olhar percuciente que capte aqui e ali essas formas tênues e as exponha à leitura.

Assim, em saltos dialógicos intertextuais, ensaiamos um perpassar por alguns atalhos dessa estrutura, costurando vislumbres de coágulos semânticos que pontilham sua escritura e que, agrupados, se tornam plenos de sentido. E o nosso olhar ziguezagueando procurou seguir o traçado singular que configura o percurso textual da ficção clariceana, buscando, assim, a leitura do intervalo, dos hiatos de silêncio plurissignificativo, porque o silêncio, em Clarice, também se mostra saturado de carga semântica, no afã de revelar, pela anulação da voz, do sonoro previsível, a concretude da opressão cerceadora dominante. Penetrando em canais pouco percorridos, e às vezes labirínticos, visualizamos ora o riso dissimulado que se estrutura em paródia, ora a sensualidade reprimida que se estilhaça em pulsões inesperadas e incontidas para logo se diluir na circularidade de seu cosmo restrito e fechado, ora a abordagem de um **eu** pessoal que se transmuta em **nós** porque se quer plural.

Essas formas recorrentes apontam, nos parece, para uma escritura que deseja ir muito além do espaço intimista, subjetivo, que uma leitura superficial possa visualizar e se distancia a largos passos de uma postura alienada da problemática social quando se depara com os recursos estéticos já apontados, pois embora o texto estético não resulte em texto ideológico, porque se distancia da prática da persuasão, pode, dependendo da articulação de seus elementos, apontar para aspectos externos a ele e, segundo Segolin: "É aqui que reside o verdadeiro ponto de contacto entre a Arte e o mundo e não na referencialidade representativa de seus signos."[90]

E é bom lembrar que não é por acaso a ironia no conto "A Quinta História", cujos elementos lingüísticos e de forma configuram e confinam em moldura ancestral a narrativa e a mulher, em sua versão mais doméstica: a barata; nem a identificação mulher e galinha, que no texto se traduz em expressões do cotidiano "rainha da casa" ou "sozinha no mundo sem pai nem mãe", cujo vôo e fuga são interceptados pelo "dono da casa", um elemento masculino que a reconduz ao espaço limitado do quintal e da cozinha. Nem se pode deixar de sentir as medidas castradoras que

---

(90) SEGOLIN, Fernando. *Personagem e Anti-Personagem*, p.111.

esmagam e anulam essas personagens ou outras como Ana do conto "Amor" e a mocinha de "Mistério em São Cristóvão" que, enoveladas na cantilena moralizante secular e hereditária, se deixam levar dóceis e passivas pelo caminho suave da resignação (ou da automação?). Nem é possível também nos mantermos impermeáveis ao constrangimento que a leitura de "Crianças Chatas" nos impõe. Uma simples crônica num texto que desconforta, como tantos outros de Clarice. Nem se pode esquecer ainda as relações familiares tão desgastadas ou o velho tão esquecido, "um embrulho que passa de mão em mão". São personagens rarefeitas, voláteis, desfuncionalizadas, mas que transitam momentaneamente pelo universo clariceano, deixando atrás de si densas marcas de sua estranha passagem.

Assim, embora a obra de Clarice apresente-se essencialmente voltada para a linguagem, uma linguagem fragmentada, com articulações frasais multiformes, através de oxímoros e paradoxos, portanto de desarticulações e dissonâncias, em aparente dilaceramento, tudo indica ser um aproximar-se da realidade e não um afastamento, mas uma investigação dessa realidade em uma cadência rítmica outra, em que a representação mimética do universo não encontra tempo nem espaço nessa escritura que só se atualiza através de jogos de linguagem, cujo sentido para ser liberado exige o que Lucrécia D'Aléssio Ferrara denomina "leitura-montagem". Segundo ela, "A leitura-montagem se produz sobre resíduos sígnicos, sobre o lixo da linguagem. À maneira de uma dobradura ou de uma 'sonda heurística', a leitura-montagem é ela própria dialógica, porque o texto fornece as pistas, mas as saídas, as possibilidades de leitura-montagem, precisam ser deflagradas."[91]

---

(91) FERRARA, Lucrécia D'Aléssio. *A Estratégia dos Signos*, p. 192.

BIBLIOGRAFIA

ARAGÃO, Maria Lúcia P. de. "A Paródia em Força do Destino." *Tempo Brasileiro* (6): 5, jul/set, 1980.

BAKTHIN, Mikhail/Volochinov, V.N. "O Discurso de Outrem". In: *Marxismo e Filosofia*. Tradução de Michel Lahud e Yara Frateschi Vieira. São Paulo, Mucitet, 1969.

————. *Questões de Literatura e de Estética* (A Teoria do Romance). São Paulo, Editora UNESP/Hucitec, 1990 - 2ª edição.

BARBOSA, João Alexandre. *A Leitura do Intervalo*. São Paulo, Iluminuras/ Secretaria do Estado da Cultura, 1990.

BARTHES, Roland. *Elementos de Semiologia*. São Paulo, Cultrix, 1985.

————. *Aula*. São Paulo, Cultrix. Tradução e posfácio de Leyla Perrone-Moisés, s/d.

————. "A Análise Retórica". In: *Literatura e Sociedade*. Lisboa, Editora Stampa, Coleção Teoria, nº 44, 1978.

————. *O Prazer do Texto*. São Paulo, Editora Perspectiva, Coleção Elos, 1977.

BARTHES, Roland. et alii. *Análise Estrutural da Narrativa,* Rio de Janeiro, Editora Vozes, 3ª edição, 1973.

BATAILLE, Georges. *O Erotismo*. Tradução de Antonio Carlos Viana. Porto Alegre, L&PM, 1987.

BAUDELAIRE, Charles. *O Pintor da Vida Moderna*. Lisboa, Editora Inquérito, 1941.

BENJAMIN, Walter. *Magia e Técnica, Arte e Política*. São Paulo, Brasiliense, 1986.

BENVENISTE, Emile. *Problèmes de Linguistique Générale*. 2. Paris, Editions Gallimard, 1974.

BOOTH, Wayne C. "Distance and Point-of-view: An Essay in Classification". In: *The Theory of The Novel*, Philip Stevick (ed.). New York - London: The Free Press - Collier Macmillan, 1967 (pp.87-107).

BORELI, Olga. *Clarice Lispector - Esboço para um Possível Retrato*. Rio de Janeiro, Nova Fronteira, 2ª edição, 1981.

BORGES, Jorge Luis. *Discussão*. Tradução de Cláudio Fornari. São Paulo, DIFEL, 1986.

CAMPOS, Haroldo de. – "Tópicos (fragmentários) para uma historiografia do Cosmo". Arte & Linguagem. São Paulo, Cadernos PUC, n°14. Cortez.

————. *Ideograma - Lógica Poesia Linguagem*, São Paulo, Cultrix, 1977.

————. "A Escritura Mesfistofélica". *Tempo Brasileiro* (6): 5, jul/set, 1980.

————. *A Operação do Texto*. São Paulo, Perspectiva Coleção Debates, 1976.

CANDIDO, Antonio. et alii. *A Personagem de Ficção*. São Paulo, Coleção Debates, Perspectiva, 1981.

CANDIDO, Antonio. *Literatura e Sociedade: Estudos de Teoria e História da Literatura*. São Paulo, Companhia Editora Nacional, 2ª edição, 1967.

CARPENTIER, Alejo. *Literatura & Consciência Política na América Latina*, São Paulo, Global, s/d.

CARONTINI, E. & PERAYA, D. *O Projeto Semiótico*. Tradução de Alceu Dias Lima. São Paulo, Cultrix, 1979.

CHEMAMA, Roland. "Algumas Reflexões sobre a Neurose Obsessiva a partir dos Quatro Discursos". Revista *Lugar* 8. Editora A Outra.

CHKLÓVSKI, Victor. "A Arte como Procedimento". In: *Teoria da Literatura: Formalistas Russos*. Tradução de Ana Maria Ribeiro et al. Porto Alegre, Editora Globo, 1971.

CIXOUS, Hélène. "Reaching the Point of Wheat, or A Portrait of the Artist as a Maturing Woman". In: *Remate de Males*. Revista do Departamento de Teoria Literária, n° 9, Org. Vilma Arêas e Berta Waldman, Unicamp, Campinas, 1989.

COELHO NETTO, J. Teixeira. *Semiótica, Informação e Comunicação*. São Paulo, Perspectiva, 1983.

COHEN, Jean. *Estrutura da Linguagem Poética*. São Paulo. Cultrix, 1978.

DEELY, John. *Semiótica Básica*. Tradução de Julio C.M.Pinto. São Paulo, Editora Ática, 1990.

DERRIDA, Jacques. *A Escritura e a Diferença*. São Paulo, Perspectiva. Coleção Debates, 1971.

DIAS, Ângela e LYRA, Pedro. "Paródia: Introdução". *Tempo Brasileiro* (6): 5, Jul/Set, 1980.

DUCROT, Oswald. *Estruturalismo e Linguística*. São Paulo, Cultrix, 1971.

ECO, Umberto. *Obra Aberta*. São Paulo, Perspectiva, 1986.

FERRARA, Lucrécia D'Aléssio. "Divagação ou Concentração", In: *Redação e Leitura*, São Paulo, 1983.

————. *A Estratégia dos Signos*. São Paulo, Perspectiva, 1981.

FITZ, Earl. E. "O Lugar de Clarice Lispector na História da Literatura Ocidental: Uma Avaliação Comparativa". In: *Remate de Males*. Revista do Departamento de Teoria Literária, nº 9. Org. Vilma Arêas e Berta Waldman, Unicamp, Campinas, 1989.

FOUCAULT, Michel. *As Palavras e as Coisas, Uma Arqueologia das Ciências Humanas*. São Paulo, Martins Fontes, 4ª edição, 1987.

GOLDMAN, Lucien. "O Estruturalismo Genérico em Sociologia da Literatura" In: *Literatura e Sociedade.Lisboa*, Editorial Stampa, Coleção Teoria, nº 44, 1978.

GOTLIB, Nádia Battela. "Olhos nos Olhos (Fernando Pessoa e Clarice Lispector)". In: *Remate de Males*. Revista do Departamento de Teoria Literária, nº 9. Org. Vilma Arêas e Berta Waldman, Unicamp, Campinas, 1989.

GREIMAS, A.J.& COURTES, J. *Dicionário de Semiótica*. São Paulo: Cultrix, 1979.

GUIRAUD, Pierre. *A Semiótica*. São Paulo, Difusão Européia do Livro, Coleção Saber Atual, 1972.

HAYMAN, David. "Um Passo Além de Bakhtine". *Tempo Brasileiro* (6): 5, Jul/Set, 1980.

HELENA, Lúcia. "A Contra-ideologia da Seriedade". *Tempo Brasileiro* (6): 5, Jul/Set, 1980.

HUISMANN, Denis. *A Estética*. São Paulo, Biblioteca Básica de Filosofia, Edição 70, Martins Fontes, s/d.

JAKOBSON, Roman. *Lingüística e Comunicação*. São Paulo, Cultrix, 10ª edição, s/d.

JORGE, Marco A.C. *Sexo e Discurso em Freud e Lacan*. Rio de Janeiro, Jorge Zahar, 1988.

JOSEF, Bella. *A Máscara e o Enigma*. Rio de Janeiro, Editora Francisco Alves, 1986.

————. "O Espaço da Paródia, o Problema da Intertextualidade e a Carnavalização". *Tempo Brasileiro* (6): 5, Jul/Set, 1980.

JUNG, Carl G. *O Homem e seus Símbolos*. Tradução de Maria Lúcia Pinho. Rio de Janeiro, Nova Fronteira, 5ª edição.

KOSIK, Karel. *Dialética do Concreto*. Rio de Janeiro, Paz e Terra, 3ª Edição, 1985.

KOTHE, Flávio R. "Paródia & Cia." *Tempo Brasileiro* (6): 5, Jul/Set, 1980.

LACAN, Jacques. *Psicoanálisis - Radiofonia & Televisión*. Barcelona, Editorial Anagrama.

————. *El Psicoanálisis al Revés*. Buenos Aires, 1982

————. "O Estádio do Espelho como Formador da Função do Eu". *Ecrits I*, tradução de Fernando Cabral Martins, 1966.

LEFEBVRE, Henri. "Da Literatura e da Arte Modernas Consideradas como Processos de Destruição e Autodestruição da Arte", In: *Literatura e Sociedade*. Lisboa, Editorial Stampa, Coleção Teoria, nº 44, 1978.

LEITE, Ligia Chiappini Moraes. *O Foco Narrativo*. São Paulo, Ática, 1985.

LIMA, Luís Costa. "Clarice Lispector". In: *A Literatura no Brasil*. Dir. de Afrânio Coutinho. Rio de Janeiro. Editorial Sul Americana, 1970, Vol. V (Modernismo).

LISPECTOR, Clarice. *Água Viva*. São Paulo, Círculo do Livro, 1973.

————. *A Cidade Sitiada*. Rio de Janeiro, Nova Fronteira, 5ª edição, 1982.

————. *A Descoberta do Mundo*. Rio de Janeiro, Nova Fronteira, 1984.

————. *Felicidade Clandestina*. Rio de Janeiro, Nova Fronteira, 3ª edição, 1980.

————. *A Hora da Estrela*. Rio de Janeiro, Nova Fronteira, 3ª edição, 1978.

————. *Laços de Família*. Rio de Janeiro, Nova Fronteira, 18ª edição, 1983.

————. *A Legião Estrangeira*. Rio de Janeiro, Ed. do Autor, 1964.

————. *O Lustre*. Rio de Janeiro, Nova Fronteira, 5ª edição, 1982.

————. *A Maçã no Escuro*. Rio de Janeiro, Nova Fronteira, 6ª edição, 1982.

————. *Onde Estivestes de Noite*. Rio de Janeiro, Nova Fronteira, 3ª edição, 1980.

————. *A Paixão Segundo GH*. Rio de Janeiro, Nova Fronteira, 7ª edição, 1979.

————. *Perto do Coração Selvagem*. Rio de Janeiro, Nova Fronteira, 10ª edição, 1980.

————. *Um Sopro de Vida*. São Paulo, Círculo do Livro, 1978.

————. *Uma Aprendizagem ou O Livro dos Prazeres*. Rio de Janeiro, Nova Fronteira, 12ª edição, 1982.

————. *A Via Crucis do Corpo*. Rio de Janeiro. Editora Artenova, 1ª edição, 1974.

LOTMAN, Iuri. *A Estrutura do Texto Artístico*. Lisboa, Editorial Estampa. Coleção nº 41, 1978.

LUBBOCK, Percy. *A Técnica da Ficção*. Tradução de Octavio Mendes Cajado, São Paulo. Edit. Cultrix/Edit. da USP. 1976.

LUCAS, Fábio. *O Caráter Social da Literatura Brasileira*. Rio de Janeiro, Editora Paz e Terra. Série "Rumos da Cultura Moderna", nº36, 1970.

MACHADO, Arlindo. *A Ilusão Especular: Introdução à Fotografia*. São Paulo, Brasiliense, 1984.

MALLARME, Stéphane. *Edouard Manet i Gli Impressionnisti*. Traduzione di Pier Francesco Paoluri. Itália, Cosenza, 1979.

MARX, Karl. "Para a Crítica da Economia Política". in: *Os Economistas*. São Paulo, Abril, 1982.

MARX, Karl & ENGELS, Friedrich. *A Ideologia Alemã*. Lisboa, Presença/ Martins Fontes, Vol.1, s/d.

MELO NETO, João Cabral de. *Antologia Poética*. Rio de Janeiro. José Olympio, 1979. 5ª edição.

MOISÉS, Massaud. *Literatura: Mundo e Forma*. São Paulo, Editora Cultrix, 1982.

———. A Criação Literária: *Introdução à Problemática da Literatura*. São Paulo, Melhoramentos, 1967.

———. "Clarice Lispector: Introspecção e Lirismo". In *Cultura*, O Estado de São Paulo, nº 571, ano VIII, 20/07/91.

MONEGAL, Emir Rodrigues. "Carnaval, Antropologia, Paródia". *Tempo Brasileiro* (6): 5, Jul/Set, 1980.

———"Clarice Lipector". In: *Remate de Males*. Revista do Departamento de Teoria Literária, nº 9. Org. Vilma Arêas e Berta Waldman, Unicamp, Campinas, 1989.

MORENO, César Fernandez (org.) *América Latina em sua Literatura*. São Paulo, Editora Perspectiva, 1979.

MUKAROVSKY, Jan. *Escritos de Estética y Semiótica del Arte*. Edición Crítica de Jordi Llovet. Barcelona, Editorial Gustavo Gili, Colección Comunicación Visual, 1977.

NUNES, Benedito (coord.). *Clarice Lispector – A Paixão Segundo GH*. Edição Crítica. Santa Catarina, Editora da UFSC. Coleção/ Arquivos sob os auspícios da UNESCO, 1989.

———. *O Drama da Linguagem*. São Paulo, Editora Ática, 1989.

———. *O Tempo na Narrativa*. São Paulo, Editora Ática, 1988.

OLIVEIRA, Ana Claudia de & SANTAELLA, Lucia (org.). *Semiótica da Literatura*. São Paulo: EDUC, Editora da PUC, 1978.

OLIVEIRA, Solange Ribeiro. *A Barata e a Crisálida*. Rio de Janeiro, José Olympio, 1985.

———. "Rumo à Eva do Futuro: A Mulher no Romance de Clarice Lispector". In: *Remate de Males*. Revista do Departamento de Teoria Literária, nº 9. Org. Vilma Arêas e Berta Waldman, Campinas, Unicamp, Campinas, 1989.

PAZ, Octavio. *O Arco e a Lira*. Tradução de Olga Savary, Rio de Janeiro, Nova Fronteira, 1982.

PEIRCE, Charles Sanders. *Semiótica*. São Paulo, Editora Perspectiva. Coleção Estudos, 1977.

PESSANHA, José Américo Motta. "Clarice Lispector: O Itinerário da Paixão". In: *Remate de Males*. Revista do Depto. de Teoria Literária, nº 9, Org. Vilma Arêas e Berta Waldman, Unicamp, Campinas, 1989.

PIGNATARI, Décio. *Informação, Linguagem, Comunicação*. São Paulo, Editora Cultrix, 1984.

————. *Semiótica & Literatura*. São Paulo, Cortez & Moraes, 2ª edição (revista e ampliada), 1979.

PINHEIRO, Amálio. *A Textura Obra/Realidade*. São Paulo, Cortez Editora, 1983.

PONTIFÍCIA UNIVERSIDADE CATÓLICA - PUC. *Arte & Linguagem*. São Paulo, Caderno 8, Educ, s/d.

————. *Arte & Linguagem*. São Paulo, Caderno 14, Educ, s/d.

RÉGIS, Sônia. "O Escritor Cala e Consente". In: *Cultura*. O Estado de S. Paulo, 04/07/87.

————. "O Pensamento Judaico em Clarice Lispector". In: *Cultura*. O Estado de São Paulo, 14/05/88.

RODRIGUES, Selma Calasans. "Um Diálogo no Espelho". *Tempo Brasileiro* (6): 5, Jul/Set, 1980.

ROSENTHAL, Erwin Theodor. *O Universo Fragmentário*. Tradução de Marion Fleischer. São Paulo, Companhia Editora Nacional/Editora da USP, 1975.

RUSSOTTO, Márgara. "La Narradora: Imágenes de la Transgresión en Clarice Lispector". In: *Remate de Males*. Revista do Departamento de Teoria Literária, nº 9. Org. Vilma Arêas e Berta Waldman, Unicamp, Campinas, 1989.

SÁ, Olga de. *A Escritura de Clarice Lispector*. Petrópolis/Vozes, Lorena/Fátea, 1979.

————. *Clarice Lispector: A Travessia do Oposto*. Tese de Doutoramento. PUC - São Paulo, 1983/84.

————. "Clarice Lispector e a 'Epifania' da Mulher". Revista *Nexo*. Ano I, nº 2, julho/1988.

SANGUINETTI, E. et alii. *Literatura e Sociedade*. Lisboa, Editorial Estampa. Coleção Teoria, n° 44, 2ª edição, 1978.

SANTAELLA, Lúcia. *O que é Semiótica*. São Paulo, Brasiliense, 1986.

————. *(Arte) & (Cultura) Equívocos do Elitismo*. São Paulo, Cortez/Unimep, 1982.

————. "Literatura é Tradução: J.L. Borges". *Face*, São Paulo, Educ. jan/ jun. 1988.

————. " O Signo à Luz do Espelho. In: *Folhetim,* de 16/09/84.

SANTAELLA, Lúcia & OLIVEIRA, Ana Claudia (org.) *Semiótica da Literatura*. São Paulo. Educ. Série Cadernos PUC, n° 28, 1987.

SANT'ANNA, Affonso Romano de & COLASANTI, Marina. "Dezembro Sem Clarice". Entrevista concedida para o MIS (Museu da Imagem e do Som). Org. M.A. Mello. *Escrita*. Revista Mensal de Literatura, São Paulo, 1978, Ano III (27): 20-24.

SARDUY, Severo. "O Barroco e o Neobarroco" In: *América Latina em sua Literatura*. São Paulo, Perspectiva, 1979.

————. *Barroco*. Lisboa, Portugal. Vega. Coleção Vega Universidade, 1989.

SCHNAIDERMAN, Boris. "Paródia é 'Mundo do Riso". *Tempo Brasileiro* (6): 5, jul/set, 1980.

————. *Semiótica Russa*. São Paulo, Editora Perspectiva, Coleção Debates, 1979.

SEGOLIN, Fernando. *Personagem e Anti-Personagem*. São Paulo, Cortez & Moraes, 1978.

SEVERINO, Alexandrino E. "As Duas Versões de Água Viva". In: *Remate de Males*. Revista do Departamento de Teoria Literária, n° 9. Org. Vilma Arêas e Berta Waldman, Unicamp, Campinas, 1989.

SONTAG, Susan. *Contra a Interpretação*. Porto Alegre, L&PM, 1987.

TELES, Gilberto Mendonça. *Vanguarda Européia e Modernismo Brasileiro*. Petrópolis, RJ, Vozes, 1977.

TODOROV, Tzvetan. *Estruturalismo e Poética*. São Paulo, Cultrix, 1984.

TYNIANOV, Iuri. *Cine Soviético de Vanguardia*. Madrid, Editor Alberto Corazón, 1971.

Impressão e Acabamento

HAMBURG GRÁFICA EDITORA
Rua Epiacaba, 90 - V. Arapuá
04257-170 - São Paulo - SP
Fone   (011) *6946-0233
Telefax   (011) 6948-1555
E-mail: hamburg@uol.com.br

com filmes fornecidos pelo editor